DIE **6 SÄULEN** DER **CHAKRA-BALANCE**

89 Techniken und Hinweise für Einsteiger zur Harmonisierung von Körper, Geist und Seele. So transformiert der ganzheitliche Energieausgleich Ihr Leben

MONIQUE WAGNER

Inhaltsverzeichnis

Säule 3: Beziehungen **70**

Kapitel 8: Chakren und das endokrine System **73**

Kapitel 9: Die Chakren und die Elemente **81**

Säule 4: Aktivierung **98**

Kapitel 10: Warum sollten Sie Ihre Chakren öffnen? **101**

Kapitel 11: Wie Sie Ihre Chakren erwecken..........................**107**

Einführung

Der menschliche Körper ist eine komplexe Maschine mit zahlreichen Systemen und Organen; er führt täglich Millionen von Handlungen aus, manche bewusst, manche unbewusst. Die überwiegende Mehrheit der Aufgaben, die der menschliche Körper ausführt, geschieht tatsächlich unbewusst. Herzschlag, Verdauung, Immunreaktionen – all diese Dinge geschehen, ohne dass das Bewusstsein daran beteiligt sein muss. Die meisten Menschen haben wirklich keine Ahnung, was in ihrem Körper gerade vor sich geht. Aus diesem Grund können Menschen mit einer schweren Krankheit leben, ohne sich dessen bewusst zu sein, oder Viren bekämpfen, während sie schlafen. Aber es gibt noch mehr unbewusste Dinge, die im Körper vor sich gehen, als nur die grundlegenden Gesundheitsfunktionen. Hinter all den physischen Prozessen Ihres Körpers gibt es auch spirituelle Systeme, die den Kern dessen, was Sie ausmacht, unterstützen; Systeme, die parallel zu den physischen Funktionen Ihres Körpers arbeiten, aber genauso unbewusst funktionieren. Manche Menschen nennen diese Systeme die „Seele", andere das „geistige Selbst", aber es gibt ein System, das dieses innere Netzwerk nach bestimmten Körperteilen, den Chakren, kategorisiert.

Die Chakren sind eine alte südasiatische Philosophie, die versucht, diese unsichtbaren Systeme zu erklären, die im menschlichen Körper wirken. In letzter Zeit wurde viel über die Verbindung zwischen dem Körper und der geistigen Gesundheit geforscht. Viele Forscher stellen fest, dass Dinge wie Bewegung, gesunde Ernährung und sogar Darmbakterien einen großen Nutzen für die psychische Gesundheit haben. Die westliche Medizin erkennt mehr und mehr, dass es eine starke Verbindung zwischen dem Geist und dem Körper gibt und dass alle unsere Körpersysteme miteinander verbunden sind. Praktizierende der Chakrenmedizin haben dies schon immer gewusst. Mit den Chakren sollen die komplexen Zusammenhänge zwischen unserem Geist und unserem Körper erklärt und erforscht werden, und es soll gezeigt werden, wie diese Zusammenhänge beeinflusst werden können, um sicherzustellen, dass wir in allen Bereichen bestmögliche Leistung erbringen.

Was genau sind Chakren? Nun, Chakren sind im Wesentlichen Punkte in unserem Körper, die eine bestimmte Bedeutung haben. Jeder Körperteil hat einen entsprechenden psychischen Aspekt – ein Aspekt des Lebens oder des Selbst, der von diesem bestimmten Körperteil beherrscht wird. Dies ist vergleichbar mit dem Zusammenhang zwischen Rückenschmerzen und Stress oder zwischen chronischer Müdigkeit und Verdauungsproblemen. Durch die Chakren wird versucht, Aspekte unseres Körpers zu definieren, die mit Aspekten unseres Geistes verbunden sind. Die Elemente des Lebens, mit denen die Chakren verbunden sind, liegen jedoch oft viel tiefer, als die westliche Medizin in ihren Untersuchungen geht. Westliche Ärzte sprechen zum Beispiel oft über Stress, Trauer oder Trauma, aber nicht über Beziehungen, langfristige Ziele, Selbstwertgefühl oder spirituelle Identität. Diese Dinge können als etwas zu abstrakt oder vage angesehen werden und werden manchmal von westlichen Ärzten überhaupt nicht ernst genommen. Aber Chakrenheiler wissen, dass die körperlichen Auswirkungen des

Selbstwertgefühls genauso stark sein können wie die eines Traumas. In der Chakrenheilung spiegelt sich alles, was Sie fühlen, im Körper wider – und umgekehrt. Indem sie diese Verbindung herstellt und anerkennt sowie ihre Feinheiten erklärt, zielt die Chakrenheilung darauf ab, den Geist durch den Körper und den Körper durch den

Es gibt sieben Hauptchakren im Körper, die jeweils einem bestimmten Aspekt des Lebens entsprechen. Die sieben Hauptchakren sind das Wurzelchakra, das Sakralchakra, das Solarplexus-Chakra, das Herzchakra, das Hals-Chakra, das Stirnchakra („Drittes Auge") und das Kronenchakra. Jedem dieser sieben Chakren ist ein Körperteil, ein Körpersystem, eine Reihe von möglichen Beschwerden und ein Aspekt des Selbst zugeordnet. In Bezug auf die körperliche Zuordnung reicht diese Liste vom unteren Ende des Körpers, dem Steißbein, bis zum Scheitel. Das unterste Chakra, das Wurzelchakra, befasst sich mit den niederen Dingen des Lebens, sozusagen mit der Basis der Bedürfnispyramide. Wenn man sich im Körper nach oben bewegt, gelangt man entlang der emotionalen Kette zu immer höheren Zielen, die schließlich im Kronenchakra gipfeln, das sich mit dem spirituellen Selbst beschäftigt. Aufgrund dieser Skala werden die Chakren oft in zwei Gruppen unterteilt: die höheren Chakren und die niederen Chakren. Anhand dieses Siebener-Systems können Sie Ihren Körper in Bezug auf die Art und Weise, wie er Ihren Geist beeinflusst, in Kategorien einteilen.

Wie funktionieren die Chakren also genau? Im Allgemeinen sprechen Chakrenheiler davon, dass Chakren „blockiert" oder „gelöst" sind. Wenn ein Chakra blockiert ist, zeigen sich in der Regel sowohl psychische als auch physische Reaktionen – das spiegelt sich in Ihrer geistigen und körperlichen Gesundheit wider. Das Hals-Chakra zum Beispiel ist nicht nur für die Kommunikation mit anderen zuständig, sondern auch für den Bereich der Nebenhöhlen, des Rachens und des Mundes. Wenn also Ihr Hals-Chakra blockiert ist, haben Sie vielleicht Probleme mit den Nebenhöhlen und das Gefühl, dass Sie nicht sehr ehrlich oder effektiv mit anderen kommunizieren können. Ziel der Chakrenheilung ist es, Ihnen zu helfen, herauszufinden, welche Chakren in Ihrem Körper blockiert sein könnten und wie Sie diese Blockaden lösen können. Nur wenn Sie Geist und Körper eng miteinander verbinden, können Sie beide wirklich heilen.

In diesem Buch geben wir Ihnen einen vollständigen Überblick über die Chakrenheilung anhand von sechs charakteristischen Säulen. Diese Säulen zielen darauf ab, die Chakrenheilung in sechs einfache Teile zu gliedern, um auch dem unerfahrensten Anfänger zu helfen, sich mit dem Thema vertraut zu machen. In der ersten Säule werden wir uns mit den Grundlagen der Chakrenheilung befassen, erklären, wie sie funktioniert, und ein wenig über ihre Geschichte lernen. In der zweiten Säule tauchen wir tiefer in das eigentliche System der Chakren ein und betrachten jedes einzelne Chakra und seine Rolle in Ihrem Leben. Dann, in der dritten Säule, werden wir ein wenig ausholen und die Beziehungen der Chakren zu anderen Systemen in Ihrem Körper und der Welt im Allgemeinen betrachten. Danach wird sich die vierte Säule mit den Möglichkeiten befassen, wie Sie Ihre Chakren aktivieren können, und Ihnen konkrete und praktische Tipps zur Feinabstimmung Ihrer Chakren geben. In der fünften Säule geht es dann darum, wie Sie Ihre Chakren ausgleichen und dafür sorgen können, dass sie in einer starken Beziehung zueinander stehen. Schließlich werden wir in der sechsten Säule die spezifischen Heilpraktiken besprechen, bei denen Ihre Chakren helfen können. Anhand dieser Säulen werden Sie sehen können, wie das Verständnis der Chakren und ihre Anwendungen Ihr Leben und Ihre Verbindung zu Ihrem Körper drastisch verbessern können. Mit diesen Informationen werden Sie in der Lage sein, ein ausgeglicheneres und spirituelleres Leben zu führen.

Säule 1:
Fundamente

Chakren sind schon lange ein Teil der Menschheitsgeschichte. Seit Jahrtausenden helfen sie den Menschen, ein ganzheitlicheres Verständnis für ihren Geist und Körper zu erlangen. Ihr System hilft uns, verschiedene Aspekte unseres Lebens abzugrenzen, um zu erklären, warum wir so denken und fühlen, wie wir es tun. Für diejenigen, die eine stärkere Beziehung zu ihrem Körper suchen, erfüllen die Chakren eine sehr wichtige Aufgabe. In dieser Säule werden Sie sich auf Ihre Chakrenreise begeben, indem wir einige der wichtigsten Aspekte der Chakren erläutern. Zunächst werden wir eine allgemeine Definition der Chakren vorstellen, damit Sie besser Bescheid darüber wissen, was Chakren sind und was sie tun. Dann werden wir über einige der häufigsten Missverständnisse im Zusammenhang mit Chakren sprechen. Anschließend werden wir einige der Ursprünge dieser Praxis erklären und die Geschichte der Chakren von der Antike bis heute nachzeichnen. Schließlich werden wir über Chakren und ihre Beziehung zur Energie sprechen. Am Ende dieser Säule werden Sie ein grundlegendes Verständnis der Chakren erlangt haben, das Sie beim Lesen der folgenden Kapitel mitnehmen können.

Kapitel 1:
Erläuterungen zu den Chakren

In der Einleitung haben wir das Konzept der Chakren vage beschrieben und sie lediglich als „Energiezentren" bezeichnet. Hier werden wir nun genauer darauf eingehen, was Chakren wirklich sind. In diesem Kapitel werden wir die Chakren und ihre Bedeutungen gründlich definieren, indem wir die wichtigsten Chakren auflisten und Ihnen ein solides Verständnis dafür vermitteln, wie sie Geist und Körper miteinander verbinden. Wir werden Ihnen auch eine Liste der häufigsten Missverständnisse über Chakren geben, damit Sie nicht nur erkennen können, was Chakren sind, sondern auch, was sie *nicht* sind.

Was sind Chakren?

Was genau sind Chakren also? Welche Teile des Körpers umfassen sie und wie funktionieren sie? Was ist ihr Zweck und wie helfen sie uns? Nun, das Wort „Chakra" bedeutet im Sanskrit eigentlich „Rad". Die einzelnen Chakraräder kann man sich wie Scheiben an der Wirbelsäule vorstellen. Die sieben Chakren werden dann als sieben einzelne Scheiben positioniert, die an verschiedenen Höhen der Wirbelsäule angesiedelt sind. Angesichts der weiten Verbreitung des Nervensystems im ganzen Körper und der Bedeutung des Rückenmarks als Zentrum dieses Systems macht es Sinn, dass dies auch das Zentrum der Chakren ist. Die Vorstellung, dass die Chakren Räder sind, weist auch auf ihre dynamische Natur hin. Unsere Chakren drehen sich und schaffen lebendige Energiezentren an diesen verschiedenen Punkten in unserem Körper. Im Wesentlichen sind die Chakren sieben energiehaltige Räder, die bestimmte Punkte auf unserem Rückenmark markieren.

Chakren werden hauptsächlich als „ausgeglichen", „blockiert" oder „gelöst" beschrieben. Wenn ein bestimmtes Chakra blockiert ist, bedeutet das, dass Sie in diesem bestimmten Teil Ihres Körpers Probleme haben werden, und das kann sich auch auf ähnliche Probleme in dem Bereich Ihres Lebens auswirken, dem dieses Chakra entspricht. Die Identifizierung des spezifischen Chakras in Ihrem Körper, das blockiert ist, kann Ihnen sehr dabei helfen, physische und psychische Beschwerden zu verbinden. Bei der Chakrenheilung geht es also im Allgemeinen darum, Ihre Chakren zu lösen oder zu öffnen. Dies kann durch Energieheilung, Yoga oder viele andere Praktiken geschehen, auf die wir später in diesem Buch noch näher eingehen werden. Wenn Ihre Chakren geöffnet sind, werden Sie eine stärkere Verbindung zwischen Ihrem Geist und Ihrem Körper sowie eine Erleichterung in vielen Ihrer Systeme erfahren. Indem Sie sich die Kraft der Chakren zunutze machen, können Sie Ihrem Körper und Ihrem Geist ein starkes Gefühl von ganzheitlicher Gesundheit vermitteln und viele Beschwerden beseitigen, die mit keiner anderen Art von Medizin geheilt werden können.

Cross-over-Praktiken

Es gibt viele andere spirituelle Heilpraktiken, die in enger Beziehung zu den Chakren stehen. Viele dieser Traditionen haben sich nebeneinander entwickelt, teilen Philosophien und integrieren sich gegenseitig in ihre Praktiken. Sie können auch Merkmale aufweisen, die einander entsprechen, was Sie dazu ermutigt, bestimmte Ideen aus einer Praxis mit den entsprechenden Elementen einer anderen zu kombinieren. Oft kann die Kombination von Praktiken dazu beitragen, sie im Einzelnen zu verbessern. In diesem Abschnitt werden wir über einige der wichtigsten spirituellen Praktiken sprechen, die sich mit den Chakren überschneiden.

Edelsteine

Die Steinheilkunde ist ein weiterer wichtiger Teil der spirituellen Praxis. Edelsteine, die aus der Erde kommen, haben starke Schwingungskräfte, die bestimmte Aspekte des Lebens und des Körpers beeinflussen können, ähnlich wie die Chakren. Die meisten Heilsteine können einem entsprechenden Chakra zugeordnet werden, mit dem sie sich stark verbinden. Viele Menschen beziehen Edelsteine in ihre Chakrenheilung ein und umgekehrt, indem sie entsprechende Steine verwenden, um bestimmte Chakren zu heilen.

Astrologie

Eine weitere spirituelle Praxis, die mit den Chakren korrespondiert, ist die Astrologie, insbesondere die Planeten. In der antiken Astronomie gab es sieben Planeten: die Sonne, den Mond, Merkur, Venus, Mars, Jupiter und Saturn. Die äußeren Planeten waren noch nicht entdeckt worden, sodass die antike Astrologie mit einem System von sieben Planeten arbeitete. Wie Sie sehen, gibt es auch sieben Chakren, was kein Zufall ist. Jedes Chakra ist mit einem der Planeten verbunden. Das Wurzelchakra wird mit Mars assoziiert, das Sakralchakra mit Merkur, das Solarplexus-Chakra mit Jupiter, das Herzchakra mit Venus, das Hals-Chakra mit Saturn, das Stirnchakra mit der Sonne und das Kronenchakra mit dem Mond. Jedes dieser Chakren korrespondiert auch mit den Eigenschaften, die in der Astrologie dem jeweiligen Planeten zugeordnet sind. In Ihrem Geburtshoroskop können Sie die Position aller Ihrer Planeten im Tierkreis sehen. Zum Beispiel könnte Ihr Merkur in Zwillinge oder Ihr Mars in Schütze stehen. Wenn Sie Ihr Geburtshoroskop betrachten, sollten Sie überlegen, wie einige dieser Planetenpositionen mit Ihrem Chakrensystem zusammenhängen könnten.

Yoga

Yoga ist wahrscheinlich die spirituelle Praxis, die am engsten mit den Chakren verwandt ist. Yoga hat sich parallel zu den Chakren entwickelt und ist untrennbar mit der Chakrenphilosophie verbunden. Wie die Chakren ist auch Yoga eine Praxis, die darauf abzielt, Geist und Körper zu verbinden, und die sowohl körperliche Bewegung als auch Achtsamkeit einbezieht, um diese Verbindung herzustellen. Viele Yogastellungen und -sequenzen basieren auf bestimmten Chakren oder Chakrensystemen. In der Praxis der Chakrenheilung wird Yoga oft ausgiebig genutzt, um bestimmte Chakren zu lösen. Yoga fördert das Gleichgewicht im Körper, baut Kraft auf und die Praktizierenden kehren dabei immer wieder zum Kern, also zur Wirbelsäule, zurück. Es hilft Ihnen, Ihre Chakren ins Gleichgewicht zu bringen und bestimmte Chakren, die möglicherweise verschlossen sind, zu öffnen. Mit anderen Worten: Sie müssen zumindest ein wenig über Yoga wissen, um Chakren zu praktizieren, und umgekehrt!

Häufige Missverständnisse

Wie bei jeder spirituellen Praxis gibt es auch gegenüber den Chakren viele Missverständnisse. Wie viele Menschen haben Ihnen gesagt, dass Astrologie „Unsinn" ist, weil nicht jeder, der im Juni geboren ist, die gleiche Persönlichkeit haben kann? Oder dass Heilsteine nur Steine sind, die vielleicht einen Placeboeffekt haben? Skeptiker und Fehlinterpreten sind für viele Geistheiler eine Quelle des Ärgers. Menschen, die die Feinheiten eines bestimmten spirituellen Systems nicht verstehen, können extrem frustrierend sein. Dies gilt auch für die Chakren. Im Folgenden werden wir uns einige der häufigsten Missverständnisse ansehen, die bei Menschen bezüglich der Chakrenheilung auftreten.

Irrtum Nr. 1: Es gibt nur ein Chakrensystem

Da das Konzept der Chakren so alt und weit verbreitet ist, gibt es viele verschiedene Systeme, die die Menschen im Laufe der Jahre praktiziert haben. Das System, das wir in diesem Buch besprechen, ist nur eines von vielen, die sich im Laufe der Zeit entwickelt haben. Da die Chakren als System so fließend sind, gibt es viele Wege, sie zu praktizieren, und kein Weg ist unbedingt richtig oder falsch. Wenn Sie sich sehr für Chakren interessieren, können Sie verschiedene Praktiken für sich selbst ausprobieren. Es ist jedoch niemals ratsam, Praktiken miteinander zu vermischen. Das wird zu unbefriedigenden Ergebnissen und einem zwiespältigen Verhältnis zu Ihren Chakren führen. Egal für welche Praxis Sie sich entscheiden, achten Sie darauf, dass Sie sie konsequent durchführen.

Irrtum Nr. 2: Die Chakren existieren im physischen Raum

Obwohl wir darüber gesprochen haben, dass sich die Chakren in bestimmten Bereichen des Körpers befinden, sind sie nicht wirklich physisch in unserem Körper vorhanden. Ebenso haben sie nicht notwendigerweise physisch die Qualitäten, die wir ihnen zuschreiben, wie Farben. Stattdessen sind sie Kontaktstellen für die Visualisierung. Sie helfen uns, über die einfachen biologischen Funktionen des Körpers hinaus in die feineren Funktionen des visualisierenden Geistes zu sehen. Daher ist es nicht sehr hilfreich, sich Ihre Chakren als eine physische Realität wie Ihr Rückenmark vorzustellen. Betrachten Sie Ihre Chakren stattdessen als Kontaktstellen, als Teile Ihres Körpers, die Aufmerksamkeit benötigen, und nicht als buchstäbliche Scheiben, die sich um Ihr Rückenmark drehen.

Irrtum Nr. 3: Es gibt nur sieben Chakren

Wie wir bereits erwähnt haben, gibt es viele verschiedene Chakrensysteme in der Welt. Einige beinhalten das Sieben-Chakren-System, auf das wir uns in diesem Buch konzentrieren. Es gibt jedoch auch viele Systeme, die eine andere Anzahl von Chakren enthalten – von fünf bis zu Hunderten. Sie können die Unterschiede in der Anzahl der Chakren so betrachten, dass einige Systeme mehr Fokus und Aufmerksamkeit erfordern, während andere Systeme Dinge weglassen. Systeme mit weniger Chakren neigen dazu, Ideen in größeren Abschnitten zu verdichten, während Systeme mit mehr Chakren dazu neigen, den Körper in kleinere Teile aufzuspalten, die spezifischeren Bereichen vorstehen. Wenn Sie sich also für ein Chakrensystem entscheiden, sollten Sie sich überlegen, welchen Grad an Spezifität Sie wünschen.

Kapitel 2:
Ursprünge und Geschichte

Chakren sind nicht aus dem Nichts entstanden! Und auch die Art und Weise, wie wir heute Chakrenheilung praktizieren, insbesondere in der westlichen Welt, ist nicht aus dem Nichts entstanden. Die heutige Chakrenpraxis ist das Ergebnis einer langen Geschichte, die sich über die ganze Welt erstreckt. Diejenigen, die sich mit den Chakren auskennen, werden Ihnen sagen, dass es bei diesem Thema viel mehr gibt, als man auf den ersten Blick sieht, und dass wir lange gebraucht haben, um dorthin zu gelangen, wo wir heute sind. In diesem Kapitel werden wir uns mit einigen der wichtigsten Aspekte der Chakren-Ursprünge befassen. Wir werden zunächst die geografischen Ursprünge betrachten und die Orte ausfindig machen, die die Chakren zu dem gemacht haben, was sie heute sind. Dann werden wir die Zeitachse der Chakrengeschichte betrachten und diese von ihren frühesten Ursprüngen über ihr Fortbestehen im Laufe der Geschichte bis hin zu den aktuellen Chakrenpraktiken von heute nachverfolgen. Am Ende dieses Kapitels werden Sie genau wissen, woher die Chakren kommen und wie sie sich im Laufe der Zeit verändert haben, damit Sie ein klareres Bild davon haben, wie ihre heutige Praxis entstanden ist.

Woher kommen die Chakren?

Chakren haben sich heute weit über die ganze Welt verbreitet. In fast jedem Land der Erde finden Sie jemanden, der Chakrenheilung praktiziert. Die meisten Menschen auf der Welt haben von Chakren gehört, und es gibt unzählige Menschen über Grenzen und Kulturen hinweg, die eine Version der Chakrenpraxis in ihre spirituelle Heilungsreise eingebracht haben. Aber das war nicht immer so. Tatsächlich haben die Chakren ihren Ursprung auf dem indischen Subkontinent, der heute als Südasien bekannt ist, d. h. in den Ländern Indien, Sri Lanka, Bangladesch und Pakistan. In diesem Teil der Welt können wir die Chakren bis zu ihren Ursprüngen zurückverfolgen. Bis heute sind Chakren in Südasien weit verbreitet und werden sehr häufig mit anderen Aspekten der südasiatischen Kultur und spirituellen Praktiken in Verbindung gebracht. Oft pilgern engagierte Chakrenheiler in Teile Indiens, um die geografischen Wurzeln der Praxis aufzuspüren, die so viel Freude und Heilung in ihr Leben gebracht hat.

Religiöse Ursprünge

Eine Diskussion über Chakrenheilung wäre nicht vollständig ohne eine Diskussion über die Religionen, mit denen Chakren in Verbindung gebracht werden. Es gibt zwei Hauptreligionen, die ihren Ursprung in Südasien haben: den Hinduismus und den Buddhismus. Beide Religionen haben eine enge Beziehung zu den Chakren und diese Tatsache rechtfertigt eine gründliche Erörterung der Art und Weise, wie sie die Chakren im Laufe der Geschichte in ihre Praktiken integriert haben. In diesem Abschnitt werden wir untersuchen, wie Chakren im Hinduismus und im Buddhismus sowohl in der historischen als auch in der gegenwärtigen Praxis eingesetzt werden.

Hinduismus

Chakren sind von Natur aus ein hinduistisches Konzept. Der Hinduismus ist eine der ältesten weitverbreiteten Religionen der Welt. Er hat seine Ursprünge im alten Indien und reicht Tausende von Jahren zurück. Die Anfänge des Hinduismus sind in bestimmten Sanskrit-Texten, den „Veden", enthalten. Dabei handelt es sich um eine dichte Sammlung von Texten, in denen die wichtigsten Philosophien der Hindu-Religion beschrieben werden. Sie sind eine Zusammenstellung vieler verschiedener historischer Dokumente, sodass es schwierig ist, ihre Ursprünge zu datieren. Die Chakren haben ihre Wurzeln in diesen Dokumenten und sind somit mindestens einige Tausend Jahre alt. Da sich die Chakren parallel zur hinduistischen Tradition entwickelt haben, wurden ihre Namen ursprünglich in Sanskrit niedergeschrieben (und später ins Deutsche übersetzt). So heißt das Wurzelchakra *Muladhara*, das Sakralchakra *Svadhisthana*, das Solarplexus-Chakra *Manipura*, das Herzchakra *Anahata*, das Hals-Chakra *Vishuddha*, das Stirnchakra *Ajna* und das Kronenchakra *Sahasrara*. Für die Zwecke dieses Buches werden wir ihre deutschen Namen verwenden, aber es ist wichtig, sich daran zu erinnern, dass sie ursprünglich in der hinduistischen Praxis verwendet wurden.

Die Chakren sind mit vielen verschiedenen Hindu-Praktiken verbunden und werden auch in der heutigen Hindu-Religion verwendet. Chakren funktionieren in dieser Praxis durch die Weitergabe von Wissen von unten nach oben. Es wird angenommen, dass die Chakrenenergie heilig ist und von oben, von der höchsten Form des Lebens, bekannt als Brahman, kommt. Naturgemäß neigen diese Energien dazu, sich um unser Wurzelchakra zu sammeln und sich im untersten Teil unseres Körpers zu konzentrieren. Ziel von Meditation und Yoga ist es, diese Energien durch die Chakren anzuheben. Wenn diese Energie den Körper entlang nach oben wandert, werden wir aufmerksamer für höheres Wissen und gewinnen eine erleuchtete Sicht auf das Leben und das Universum. Das Kronenchakra ist das ultimative Ziel dieser Praxis, unsere Energien sollen sich an der höchsten Stelle unseres spirituellen Körpers konzentrieren, damit wir uns der Dinge jenseits des sichtbaren Universums bewusst werden und tiefere Einsichten gewinnen.

Neben Yoga und Meditation ist ein weiterer Aspekt des Hinduismus, der mit den Chakren zu tun hat, die Götter selbst. Wie Sie vielleicht schon wissen, ist der Hinduismus eine polytheistische Religion, was bedeutet, dass Hindus mehr als einen Gott verehren. Im Gegensatz zum Christentum oder zum Islam – Religionen, die ein zentrales spirituelles Wesen haben – gibt es im Hinduismus viele verschiedene Götter, die sich alle auf verschiedene Ideen oder Facetten des Lebens beziehen. Diese sind vergleichbar mit den griechischen Göttern wie Aphrodite und Dionysos, die die Götter der Liebe bzw. des Weines sind, oder auch mit dem Schutzpatronensystem des Katholizismus, das verschiedene Bereiche verschiedenen Heiligen zuweist. Folglich haben alle Götter in der hinduistischen Theologie ihre eigene, einzigartige Rolle im kosmischen System zu spielen. Und, wie Sie vielleicht schon vermutet haben, wird jedes Chakra mit einem dieser Götter assoziiert. Das Wurzelchakra wird mit Ganesha assoziiert, dem Gott des Anfangs, der die Form eines Elefanten annimmt. Das Sakralchakra wird mit Vishnu assoziiert, dem Gott der Bewahrung und des Wohlwollens. Das Solarplexus-Chakra wird mit Shiva assoziiert, dem Gott der Zerstörung und der Erneuerung. Das Herzchakra wird mit Ishvara assoziiert, einem eher konzeptionellen Gott, der ein Zentrum der spirituellen Erleuchtung ist. Das Hals-Chakra wird mit Sadashiva assoziiert, der höchsten Form von Shiva, die Erfüllung und Langlebigkeit repräsentiert. Das Stirnchakra wird mit Ardhanarishvara assoziiert, dem Kompositum von Shiva und seiner Gefährtin Parvati, das die Harmonie zwischen dem Männlichen und dem Weiblichen repräsentiert. Und zu guter Letzt wird das Kronenchakra mit Lord Shiva assoziiert. Wenn Sie sich in der hinduistischen Theologie auf ein bestimmtes Chakra konzentrieren, kanalisieren Sie auch einen bestimmten Gott des Pantheons bzw. bitten ihn um Hilfe.

Buddhismus

Verglichen mit dem Hinduismus ist der Buddhismus eine relativ neue Religion, auch wenn seine Ursprünge noch in der Antike liegen. Der Buddhismus entstand um 500 v. Chr. in der heutigen nördlichen Region des Landes Indien. Es begann mit einem Prinzen namens Siddhartha, der beschloss, sein aristokratisches Leben aufzugeben, um durch Wohltätigkeit und ein Leben unter den Armen ein kollektiveres Verständnis der Realität zu erlangen. Die buddhistische Lehre besagt, dass es weder zwischen Menschen noch zwischen Menschen und Tieren eine wirkliche Grenze gibt und dass daher Selbstlosigkeit der einzig wahre Ausdruck der Realität ist. Von dort aus verbreitete sich der Buddhismus über den gesamten Subkontinent und in Teile Asiens wie China, Korea und Japan, wo er auch heute noch sehr verbreitet ist.

Der Buddhismus unterscheidet sich stark vom Hinduismus, aber da der Buddhismus auch in Südasien entstanden ist, wurden viele hinduistische Konzepte auf ihn übertragen. Obwohl in den ursprünglichen buddhistischen Texten technisch gesehen keine Chakren erwähnt werden, gibt es weitverbreitete Ideen, die ihren Ursprung in der hinduistischen Chakrenpraxis haben. Eine buddhistische Verwendung der Chakren findet sich am deutlichsten im tibetischen Buddhismus, einer besonderen Religionsgemeinschaft im Buddhismus, die viele hinduistische Aspekte in die buddhistische Theologie übernommen hat. Im tibetischen Buddhismus gibt es eine starke Tradition der Chakrenmeditation, ähnlich wie im Hinduismus. Es gibt jedoch auch andere buddhistische Systeme, die Chakren- oder Energieübungen verwenden. Der chinesische oder Zen-Buddhismus kennt zum Beispiel drei Hauptchakren:

das untere *Dantian* (ähnlich dem Solarplexus oder Sakralbereich), das mittlere *Dantian* (ähnlich dem Herz oder Hals) und das obere *Dantian* (ähnlich dem dritten Auge oder der Krone). In dieser Chakrenpraxis können wir die Wurzeln der hinduistischen Chakren erkennen. Auch wenn die Chakren in der buddhistischen Theologie nicht so stark verankert sind wie in der hinduistischen Theologie, gibt es dennoch Aspekte der Chakrenheilung, die im Buddhismus zu finden sind.

Die Chakren-Zeitleiste

Da Sie nun mit den religiösen Ursprüngen der Chakren vertraut sind, können wir ein wenig darüber sprechen, wie sich die Chakren im Laufe der Geschichte entwickelt haben. Wie wir bereits erwähnt haben, liegen ihre Wurzeln im heutigen Indien, aber sie haben sich weit über dessen Grenzen hinaus verbreitet und im Laufe der Geschichte viele andere Kulturen und spirituelle Bewegungen beeinflusst. In diesem Abschnitt werden wir Ihnen einen kurzen Überblick über die Entwicklung der Chakrenpraxis geben.

Antike

Wie wir im Abschnitt über Religion in diesem Kapitel erörtert haben, sind die Chakren uralten Ursprungs. Sie haben ihre Wurzeln in jahrtausendealten Texten und sind somit eine der ältesten kontinuierlich praktizierten Traditionen. In der Antike waren Chakren eher auf hinduistische Gemeinschaften und Königreiche beschränkt. Sie bildeten einen wichtigen Bestandteil der hinduistischen Praxis und wurden auch zur Heilung eingesetzt. In vielen verschiedenen Regionen Südasiens wurde eine eigene Version der Chakren praktiziert, wobei sich einige dieser Versionen von den anderen unterschieden. Zu dieser Zeit waren Dinge wie die Anzahl der Chakren, ihre genauen Bedeutungen und ihre Beziehungen zu Dingen wie Farben noch nicht festgelegt.

Gemeinschaften in verschiedenen Gebieten glaubten an unterschiedliche Anzahlen von Chakren und schrieben ihnen unterschiedliche Bedeutungen zu. Damals gab es noch nicht das Sieben-Chakren-System, das wir heute kennen, insbesondere nicht in Bezug auf bestimmte psychische Zustände. Dieses System befand sich noch in Bewegung und wurde von jeder Region, die der Praxis ihren eigenen Stempel aufdrückte, nach anderen Vorstellungen gestaltet.

Mittelalter

Während des Mittelalters war das wichtigste Ereignis in ganz Afro-Eurasien der Aufstieg des Islam. Nachdem die Religion im Nahen Osten Fuß gefasst hatte, breitete sie sich sowohl nach Westen, nach Europa und Nordafrika, als auch nach Osten, nach Südasien, aus. Die nördliche Region des heutigen Indiens, die, wie Sie sich erinnern werden, der Ursprungsort des Buddhismus war, wurde von einem muslimischen Reich, den Moguln, kolonisiert. Das Mogulreich war in dieser Region äußerst mächtig und bestand von den frühen 1500er-Jahren bis in die späten 1800er-Jahre. Ein Großteil der heutigen indischen Kultur und Architektur hat seinen Ursprung in dieser Zeit, darunter auch das berühmte Tadsch Mahal. Der Reichtum und der Einfluss dieses Reiches waren überwältigend groß, was bedeutete, dass ein Großteil des Subkontinents eine Zeit lang muslimisch war. Da der Islam eine monotheistische Religion ist, die sich mehr auf Gelehrsamkeit und Gebet als auf Meditation und Yoga konzentriert, waren Chakrenpraktiken in dieser Zeit nicht so weit verbreitet. Es gab jedoch immer noch viele autonome hinduistische Regionen, in denen Chakren weiterhin praktiziert wurden. Doch als es die Moguln nicht mehr gab, kam eine noch größere Macht nach Indien, die eine weitere massive Auswirkung auf die religiöse Identität haben sollte: die Briten.

Wiederbelebung

Ab 1500, dem „Zeitalter der Entdeckungen", begannen die Europäer, von einem auf Eroberung und Handel basierenden Wirtschaftssystem abhängig zu werden, was zu einer kolonialen Herrschaft über einen großen Teil der Welt führte. Parallel zu diesem Zeitalter des Kolonialismus entstand in der französischen und englischen Philosophie eine neue Bewegung, die sich „Orientalismus" nannte und in den Jahren um 1700 bis 1800 ihren Anfang nahm. In dieser Zeit waren viele französische und britische Gelehrte von „östlichen" Religionen und Philosophien sowie von „östlicher" Kunst und Architektur fasziniert. Viele reisten in Regionen wie China und Südasien, um sich über religiöse Praktiken zu informieren und Dekorationsartikel zu erwerben. Während diese französischen Philosophen ihre Häuser mit chinesischen Töpferwaren und indischen Textilien ausstatteten, ließen sie auch diese neuen Ideen in ihren Köpfen Einzug halten. Der Orientalismus als Konzept wich schließlich vielen verschiedenen New-Age-Bewegungen, die versuchten, Elemente östlicher Religionen wie den Hinduismus und den Buddhismus in ihr Leben zu integrieren. Eines dieser Konzepte waren die Chakren. Im Laufe des 19. und 20. Jahrhunderts wurden Chakren im Westen allmählich immer populärer. Dies ging zeitlich einher mit Bewegungen wie dem Spiritualismus, dem Okkultismus und der New-Age-Philosophie. Hierin liegt der eigentliche Grund für die Entstehung des Sieben-Chakren-Systems und des modernen westlichen Chakrensystems im Allgemeinen.

Kapitel 3:
Energie

Nun, da wir zu einem tieferen Verständnis der Chakren gelangen, sind wir bereit, über die Besonderheiten des Chakrensystems zu sprechen. Eines der wichtigsten Konzepte in der Chakrenpraxis ist die Energie. Wir haben Energie als Konzept bereits erwähnt, aber nur vage. Sie können sich Energie einfach als das Gegenteil von Müdigkeit vorstellen. So verwenden wir das Wort typischerweise in der westlichen Welt. Wir sagen: „Ich habe keine Energie", obwohl wir eigentlich meinen, dass wir müde sind oder das Gefühl haben, dass unser Körper nicht genug Treibstoff hat, um zu funktionieren. Von einem spirituellen Standpunkt aus betrachtet, wäre dies jedoch immer eine falsche Aussage. Energie fließt immer durch Sie, ganz gleich, wie müde Sie sich fühlen. Mehr noch: In bestimmten spirituellen Systemen gibt es viele verschiedene Arten von Energie, die alle auf unterschiedliche Weise miteinander in Beziehung stehen. Systeme wie das der Chakren können Ihnen helfen, die verschiedenen Arten von Energien in Ihnen zu verstehen, zu nutzen und sie zu nähren, damit sie richtig wirken können. Insbesondere die Chakrenpraxis hat eine sehr spezifische Beziehung zum Konzept der Energie. In diesem Kapitel werden wir über die genaue Art und Weise sprechen, in der die Chakrenpraxis Energie beschreibt und kategorisiert.

Prana

Viele verschiedene Religionen und Praktiken haben ein spezifisches Wort für „Energie", die Chakrenpraxis ist eine davon. In dieser speziellen Philosophie ist die Energie als „Prana" bekannt. Prana ist eine Art, die Lebenskraft in uns allen zu beschreiben, ähnlich wie das Konzept des „Chi" in der chinesischen Philosophie. Prana ist in allen Dingen auf der Erde vorhanden, auch in scheinbar unbelebten Dingen, was bedeutet, dass Menschen, Tiere, Pflanzen und Gestein gleichermaßen in ihrem Kern Prana enthalten. Dies ist ein Leitgedanke in der Welt der Steinheilkunde, die von der Vorstellung ausgeht, dass Gesteine und Mineralien eine essenzielle Energie besitzen, die zu Heilzwecken genutzt werden kann. Manche Menschen glauben auch, dass Prana ein vitales Prinzip des Lebens ist. Prana besitzt ein Element der Einheit, das alle Lebewesen, die es in sich tragen, miteinander verbindet. Es hilft uns, die vitale Lebenskraft im Kern unseres Wesens zu erkennen und uns mit ihr zu verbinden, ebenso wie mit der Lebenskraft im Wesenskern anderer. Wir können sehen, wie dieses hinduistische Konzept den Aspekt der zentralen Lebenskraft in der buddhistischen Theologie beeinflusst hat, durch den alle Dinge auf der Erde wie mit einem gemeinsamen roten Faden verbunden sind. Prana ist jedoch noch mehr als nur eine zentrale Lebenskraft; es wird zudem durch Bahnen kanalisiert, die als „Nadi" bekannt sind.

Nadis

Die Aufteilung des Pranas erfolgt durch die Nadis, die das Prana in die Form bringen, die es braucht, um erfolgreich Lebenskraft zu erzeugen. Die Nadis sind dem Chakrensystem sehr ähnlich und unterteilen den Körper in verschiedene Teile, die durch bestimmte Eigenschaften und

Funktionen definiert sind. Im Gegensatz zu den Chakren, die von unten nach oben verlaufen, verlaufen die Nadis jedoch von einer Körperseite zur anderen. Sie überschneiden sich mit den Chakren auf sehr interessante Weise und können die bestehenden Bedeutungen der Chakren verändern oder ihnen Nuancen hinzufügen. Wenn Sie Ihre Nadis nicht berücksichtigen, dann bekommen Sie vielleicht eine unvollständige Version Ihrer Chakren-Analyse. Dies ähnelt sehr der Astrologie, wo es mehrere verschiedene Zeichen gibt, die miteinander interagieren. Die Kenntnis Ihres Haupt- bzw. Sonnenzeichens kann nützlich sein und Ihnen viel über sich selbst verraten, aber wenn Sie Ihr Mondzeichen, Ihr aufsteigendes Zeichen, Ihre Planeten oder Häuser nicht kennen, dann wird das Bild Ihrer astrologischen Identität immer unvollständig bleiben. Das Gleiche gilt für die Chakren. Stellen Sie sich die Nadis als Ihr Mondzeichen vor, als eine weitere Facette des Chakrensystems, die Ihnen helfen kann, Ihr Wissen über die Chakren in Ihrem Körper zu erweitern. Genau wie bei den Chakren gibt es viele verschiedene Nadi-Systeme, die unterschiedliche Anzahlen von Nadis im Körper identifizieren. Manche sprechen von drei, manche von vierzehn und einige von viel mehr. Jedes dieser Systeme hat einen anderen Grad an Komplexität, basierend auf der Anzahl der Nadis, die es identifiziert. Für die Zwecke dieses Buches werden wir drei der wichtigsten Nadis betrachten. In diesem Abschnitt werden wir diese drei für Sie auflisten und ihre Bedeutung innerhalb des Körpers erklären.

Ida Nadi

Zunächst einmal haben wir Ida Nadi, das sich auf der linken Seite des Körpers befindet. Manche Leute nennen dies die „negative" Seite des Körpers oder ihr negatives Nadi. „Negativ" hat in diesem Zusammenhang jedoch nicht unbedingt eine, nun ja, negative Konnotation. In der Spiritualität meint Negativität oft nicht „schlecht" oder „bösartig", sondern lediglich eine Seite einer Dualität. Daher kann man „negative"

Dinge in der Spiritualität mit einer neutraleren Konnotation betrachten, einfach als das Gegenteil von etwas Positivem. Stellen Sie sich diese Dinge als negative Zahlen auf einer Zahlenreihe vor, die parallel zu den positiven Zahlen, aber in entgegengesetzter Richtung verläuft. Man kann sie sich auch als die negative Seite einer Batterie oder den Südpol eines Magneten vorstellen. Oder auch wie den negativen Raum in einem Gemälde oder einer Fotografie; nicht voller Dynamik, aber ein notwendiger Aspekt der Komposition, der dem Werk Klarheit und Frische verleiht. Es gibt also keinen Grund, Ida Nadi zu meiden oder wegzuschauen, auch wenn es technisch gesehen als negativ eingestuft wird.

Die Nadis werden im Wesentlichen nach Dualitäten kategorisiert. Damit ist Ida Nadi alles das, was Pingala, das entsprechende entgegengesetzte Nadi, nicht ist. Ida wird oft mit weiblicher Energie assoziiert. Wir können in vielen anderen spirituellen Dualitäten sehen, dass weibliche Energie häufig mit dem Mond, mit Kühle und Emotionen assoziiert wird. Auch die Elemente Erde und Wasser werden mit Ida Nadi in Verbindung gebracht. Viele weibliche Göttinnen aus Kulturen auf der ganzen Welt werden ebenfalls mit diesen Dingen in Verbindung gebracht, wie die griechische Göttin Artemis, die Göttin des Mondes. Andere Aspekte von Ida Nadi sind Kreativität und Inspiration sowie Introvertiertheit. Denken Sie an das stereotype „zurückhaltende Genie", und Sie werden eine Vorstellung von der zentralen Philosophie des Nadis erlangen. Ein interessanter Aspekt der Nadis ist, dass sie ein grundlegendes Konzept der Hirnforschung anerkennen, nämlich die Tatsache, dass die linke Seite des Gehirns die rechte Seite des Körpers steuert und umgekehrt. Vielleicht waren Sie verwirrt über dieses Nadi, da wir normalerweise die rechte Gehirnhälfte als die kreative Seite und die linke Gehirnhälfte als die logische Seite betrachten. Nun, keine Sorge, denn das trifft tatsächlich auf das Nadi zu. Ida beherrscht zwar die linke Seite des Körpers, aber auch die rechte Seite des Gehirns.

Ida steht auch mit dem Nervensystem des Körpers in Verbindung und steuert somit einen Großteil der körperlichen Funktionen, da es die innere Verbindung zwischen dem Gehirn und dem Körper darstellt. Daher ist es ein zentraler Aspekt Ihres Körpers und Geistes.

Eines der häufigsten Missverständnisse über Ida Nadi und die Nadis im Allgemeinen ist, dass nur Frauen sich wirklich mit ihm verbinden können. Weil es mit weiblicher Energie assoziiert wird, zögern männliche Chakrenpraktizierende vielleicht, sich darauf einzulassen. Dies ist jedoch eine viel zu wörtliche Interpretation des Konzepts von Ida Nadi. So wie negative Energie nicht gleichbedeutend mit schlechter Energie ist, bedeutet weibliche Energie nicht unbedingt biologisch oder buchstäblich weiblich. Im Grunde können Sie jedes Geschlecht haben und eng mit Ihrem Ida Nadi verbunden sein. Wenn Sie mit Ihrer weiblichen Seite in Kontakt kommen oder etwas frei fließende Energie in Ihre Chakrenpraxis einbringen wollen, sollten Sie versuchen, Ihre Energie durch diese Seite Ihres Körpers zu kanalisieren, damit Ihr Prana richtig fließen und seine Kräfte freisetzen kann.

Pingala Nadi

Pingala Nadi ist das Gegenteil von Ida Nadi. Dieses Nadi wird mit der männlichen Energie assoziiert und ist in jeder Hinsicht das Spiegelbild von Ida Nadi. Es befindet sich auf der rechten Seite des Körpers, steuert aber die linke Gehirnhälfte. Wie zu erwarten, wird es mit der Sonne assoziiert, was bedeutet, dass Pingala Nadi die warme, erleuchtende Kraft im Gegensatz zur schattenhaften, kühlen Kraft von Ida Nadi ist. Pingala Nadi ist auch stärker mit Logik und Vernunft verbunden. Als Elemente werden Feuer und Luft mit Pingala Nadi assoziiert. Wir können diese Assoziationen auch in anderen Religionen finden. Der griechische Gott Apollo zum Beispiel ist der Zwillingsbruder von Artemis und wird mit der Sonne assoziiert, während der hypermaskuline

Gott Ares mit Feuer und Kraft in Verbindung gebracht wird. Diese Assoziationen sind in vielen religiösen Systemen auf der ganzen Welt tief verwurzelt, und daher ist es äußerst wichtig, sie in Verbindung miteinander zu erkennen. Auch hier gilt, dass Sie nicht männlich sein müssen, um sich mit Ihrem Pingala Nadi zu verbinden. Jeder kann sich auf diese Kraft in seinem Leben konzentrieren. Sie kann Ihnen helfen, einige der tiefgehenden Ideen, die sich in der Ida gebildet haben, zu erkennen und sie in Bewegung zu setzen. Die Kanalisierung Ihres Pingala Nadis hilft Ihnen, Dinge in die Tat umzusetzen und Ihr Leben dynamisch zu gestalten.

Sushumna Nadi

Sie fragen sich vielleicht, wenn die ersten beiden Nadis Spiegelbilder voneinander sind, wie kann es dann ein drittes Nadi geben? Nun, das dritte Nadi befindet sich tatsächlich direkt in der Mitte der Wirbelsäule und repräsentiert die Verschmelzung der beiden ersten Nadis. Dieses Nadi ist das wichtigste, da es für eine Existenz frei von Dualitäten und Widersprüchen steht. Nur wenn Sie Ihr Ida und Ihr Pingala Nadi wirklich ausgleichen und erwecken, können Sie Ihr Sushumna Nadi aktivieren. Dies unterstreicht, wie wichtig es ist, dass Ihr Ida und Ihr Pingala Nadi keine Feinde sind, sondern miteinander arbeiten. Sie sollten sie nicht als zwei Seiten auf einem Schachbrett betrachten, sondern eher als zwei Teile eines Ehepaars. Getrennt und unabhängig voneinander arbeitend, können sich diese Nadis nur auf sich selbst verlassen und nur mit den Hilfsmitteln arbeiten, die ihnen in ihren eigenen Bereichen zur Verfügung stehen, aber zusammen können sie ihre Energien kombinieren, um zu etwas Größerem zu werden als nur die Summe ihrer Teile. All die tiefgehenden Ideen, die in Ihrem Ida Nadi geschmiedet wurden, können schließlich befreit werden und in Ihrem Pingala Nadi zur Entfaltung kommen, und all die Energie, die in Ihrem Pingala Nadi zu finden ist, kann genutzt werden, um andere

Menschen mittels Ihres Ida Nadis zu nähren und zu umsorgen. Dies ist dem Konzept von Yin und Yang sehr ähnlich, das ebenfalls gegensätzliche Kräfte konstruiert, die sich gegenseitig stark beeinflussen und miteinander verschmolzen werden müssen, damit man wirklich zur Erleuchtung gelangt. Leider finden die meisten Menschen nicht die Kraft, diese beiden Nadis zu verbinden, um ihr Sushumna Nadi völlig zu erwecken, und verbringen so ihr Leben mit zwei voneinander getrennten Hälften. Um wirklich Harmonie in Ihrem Körper zu schaffen, müssen Sie durch Chakrenheilung lernen, diese Energien zu einem ausgewogenen Ganzen zu verschmelzen.

Säule 2: Systeme

In der ersten Säule haben wir alle grundlegenden Informationen, die im Zusammenhang mit den Chakren stehen, besprochen. Wir haben Sie wissen lassen, wie die Chakren funktionieren und woher sie kommen. Inzwischen sollten Sie einen besseren Überblick über die Welt der Chakren haben. In diesem Abschnitt werden wir uns mit einem detaillierteren Verständnis der Chakren befassen. Zunächst werden wir in Kapitel 4 die Chakren als System erörtern und aufzeigen, wie sie zusammenwirken und ein harmonisches Ganzes bilden. Als Nächstes, in Kapitel 5, werden wir die einzelnen Hauptchakren selbst ausführlich erklären. Dies sind die sieben Chakren, über die wir bereits gesprochen haben und die die Grundlage für die westlichen Chakren bilden. In Kapitel 6 werden wir dann über die höheren Chakren sprechen, ein separates System, das aus fünf verschiedenen Chakren besteht, die auf einer anderen Ebene als die Hauptchakren existieren. In Kapitel 7 schließlich werden wir die Neben- oder Unterchakren besprechen, die sich auf kleinere, spezifischere Bereiche des Körpers beziehen. In diesen Kapiteln erhalten Sie ein besseres Gefühl für die Hauptchakren selbst und erfahren mehr darüber, wie sie im Verhältnis zu anderen Chakrensystemen funktionieren.

Kapitel 4:
Chakrensysteme

Die Chakren sind keine Kräfte, die für sich allein wirken. Wir haben die einzelnen Bedeutungen der Chakren bisher in diesem Buch kurz erwähnt, aber es ist wichtig, nun einen Schritt zurückzutreten und darauf hinzuweisen, dass der Hauptaspekt der Chakren ihre Verbindung untereinander und ihr Fluss durch den Körper ist. Wie wir bei den Nadis gesehen haben, ist die Fähigkeit, die Chakren wirklich miteinander zu verschmelzen und zu verbinden, ein zentraler Aspekt ihrer Funktionsweise im Körper. Nur wenn Sie Ihre Chakren als ein einziges, einheitliches System betrachten, können Sie sie und ihren Fluss verstehen lernen. Sie können kein Chakra reparieren, ohne dass die anderen fein abgestimmt sind. Sie können sich Chakrensysteme wie die Zutaten eines Rezepts vorstellen. Ist es Ihnen schon einmal passiert, dass Sie alle richtigen Zutaten für ein Rezept hatten, alle von ausgezeichneter Qualität, aber Sie haben sie in der falschen Reihenfolge zusammengemischt und das Rezept ist völlig misslungen? Nun, so muss man auch über die Chakren denken. Selbst wenn Sie alle Chakren einzeln ausgleichen oder lösen, können Sie sie nur dann wirklich heilen, wenn Sie sie als ein vollständiges System betrachten, das ausgeglichen werden muss. In diesem Kapitel werden wir erörtern, wie das Chakrensystem sich selbst als ein System des Gleichgewichts und der Harmonie behandelt.

Was sind Chakrensysteme?

Zunächst einmal: Was sind Chakrensysteme und wie funktionieren sie? Wie sind diese besonderen Bereiche des Körpers miteinander verbunden? Nun, das Chakrensystem geht auf die Diskussion zurück, die wir in Kapitel 2 über die hinduistischen Ursprünge der Chakren geführt haben. In dieser Philosophie sind die Chakren keine eigenen Aspekte des Körpers, sondern ein Netzwerk von Bereichen, durch die Energie fließt. Sie können sich dieses System wie mehrere Stockwerke in einem Bürogebäude vorstellen, mit der Wirbelsäule als Aufzug, der sie alle verbindet. Die unteren Stockwerke repräsentieren die Grundfunktionen wie Elektrizität, Toiletten, Stromquellen und natürlich das Fundament des Gebäudes selbst. In den mittleren Etagen befinden sich die Verwaltungs- und Kommunikationsabteilungen, die die Funktionen des Unternehmens verwalten und es mit der Außenwelt verbinden. In den obersten Etagen des Gebäudes befinden sich die Führungskräfte, die kreativen Köpfe und der CEO, die sich mit den höchsten Funktionen des Unternehmens befassen, seine Zukunft planen und bahnbrechende Ideen entwickeln, die es weit bringen werden. Wie Sie sehen, arbeiten alle diese Bereiche unabhängig voneinander, aber sie stehen in klaren Beziehungen zueinander und weisen eine Bewegung von oben nach unten auf. Wenn Sie sich zu sehr auf Ihre untersten Etagen oder unteren Chakren konzentrieren, werden Sie niemals höheres Wissen oder Weitsicht erlangen. Wenn Sie aber umgekehrt diese grundlegenden Chakren oder die grundlegenden Unternehmensfunktionen vernachlässigen, wird der Rest des Gebäudes darunter leiden. Anhand dieser Analogie können wir erkennen, wie wichtig der Energiefluss in den Chakren für ihre spirituelle Funktion ist. Die Ausbreitung dieser Energie, insbesondere von unten nach oben, durch Meditation und Yoga zu fördern, ist ein zentraler Bestandteil der Chakrenpraxis und -philosophie.

Was ist ein Chakra?

In der modernen westlichen Kultur wurde viel über die Rolle des Körpers bei psychischen Zuständen diskutiert. In Büchern wie „*The Body Keeps the Score*" von Bessel van der Kolk (2014) wird detailliert beschrieben, wie viele unserer Erfahrungen, sowohl gute als auch schlechte, in den Organen und im Nervensystem des Körpers gespeichert werden. Man kann sogar sehen, wie sich dies in Echtzeit in Form von körperlichen Angstsymptomen oder körperlichen Auslösern, die in Verbindung mit einem Trauma stehen, auswirkt. Nach der Chakrentheorie und -praxis wird tatsächlich alles, was wir erleben, im Körper gespeichert. Seit Jahrtausenden behaupten Chakrenheiler, dass in den Chakren nicht nur Energiezentren gespeichert sind, sondern auch zentrale Aspekte unseres Lebens, sowohl geistig als auch körperlich. Chakren können Ihre Erinnerungen, Ihre Erfahrungen und Ihre Gewohnheiten speichern. Sie haben ein gutes Gedächtnis und dienen dazu, unsere Identität zu prägen. Aber wie Sie wahrscheinlich wissen, können die Dinge, die Sie zu dem machen, was Sie sind, zugleich auch die Dinge sein, die Sie einschränken. Das Verständnis Ihrer Chakren und dessen, was in ihnen gespeichert ist, ist ein wesentlicher Bestandteil, wenn es darum geht, ein umfassenderes Verständnis von Ihnen selbst und Ihrer Herkunft zu entwickeln.

Die Chakren können nicht nur die Vergangenheit speichern, sondern auch die Zukunft. Der Zustand Ihrer Chakren bestimmt, wie Ihr zukünftiges Selbst oder Leben aussehen wird. Darüber hinaus speichern Ihre Chakren auch Ihre Träume, Ziele und Überzeugungen über die

Zukunft. Wir sehen dies buchstäblich in den höheren Chakren, die sich mit Voraussicht und Planung befassen, aber auch in den unteren Chakren, die mit Identität und Selbstwertgefühl zu tun haben. Die Überzeugungen, die Sie über sich selbst und Ihre Zukunft haben, sind tief in Ihren Chakren gespeichert, was bedeutet, dass Ihre Chakren einen wichtigen Einfluss auf Ihre Zukunft haben. Anhand dieses Einflusses auf die Zukunft können wir sehen, wie die Chakrenenergie frei zwischen dem Körper und der Außenwelt fließt. So wie die Chakren von Ihren Ideen und Erfahrungen beeinflusst werden, so werden auch Ihre zukünftigen Erfahrungen von Ihren Chakren beeinflusst. Dadurch können Sie wirklich sehen, wie der Körper die Realität erschafft und wie die Realität den Körper erschafft. Nutzen Sie dieses Wissen, um eine stärkere Verbindung zur Welt um Sie herum zu spüren.

Die Bedeutung der Chakren für den Körper

Jetzt, da Sie wissen, wie sehr die Chakren miteinander verbunden sind, können Sie erkennen, wie eine Blockade in einem Ihrer Chakren Ihre Funktionsfähigkeit wirklich beeinträchtigen kann. Wenn ein Chakra blockiert ist, bedeutet das nicht nur, dass ein bestimmter Aspekt Ihres Lebens, der von diesem Chakra kontrolliert wird, blockiert ist, sondern auch, dass die Energie nicht frei durch Ihr ganzes System fließen kann. Sie können sich das wie einen verstopften Abfluss vorstellen. Das Wasser kann oberhalb und unterhalb der Blockade fließen, aber nicht durch sie hindurch, sodass Ihr Abfluss unbrauchbar ist, nur weil ein kleiner Teil davon nicht richtig funktioniert. Für eine komplexere Analogie können wir auf unser siebenstöckiges Bürogebäude zurückgreifen. Nehmen wir an, die fünfte Etage ist die Kommunikationsabteilung, die das Hals-Chakra repräsentiert. Wenn diese Abteilung nicht mehr richtig funktioniert, sind die anderen Abteilungen vielleicht nicht sofort betroffen, da sie noch ihrer Arbeit nachgehen. Aber allmählich werden sich die Beziehungen des Unternehmens zu anderen Firmen verschlechtern, sodass es an Reichweite zu verlieren beginnt. Sie werden Anzeigen verlieren, was zu weniger neuen Kunden und schließlich zu geringeren Gewinnen führen wird. Das Unternehmen wird auch nicht in der Lage sein, auf Kundenbeschwerden zu reagieren, was dazu führen kann, dass es selbst treue Stammkunden verliert. All diese Auswirkungen werden schließlich zu Kürzungen in anderen Abteilungen führen und, wenn ihre Ursachen nicht behoben werden, zu einer vollständigen Schließung des Unternehmens. Wie Sie sehen, kann die Streichung eines einzigen wesentlichen Aspekts der Funktionsweise des Unternehmens zu einer massiven Umstrukturierung und möglicherweise sogar zum Konkurs führen.

Übertragen wir dies auf einen Menschen und seine Chakrenidentität. Wenn Sie eine Blockade in Ihrem Hals-Chakra haben, haben Sie vielleicht Probleme mit der Kommunikation, sind unehrlich oder haben soziale Ängste. Diese Dinge haben nicht unbedingt direkte Auswirkungen auf die anderen Chakren und ihre Funktionen, da diese auf anderen Wellenlängen arbeiten. Im Laufe der Zeit werden sich jedoch die Schwierigkeiten, die Sie aufgrund Ihrer Hals-Chakra-Blockade haben, auf die anderen Bereiche Ihres Lebens auswirken. Kommunikationsschwierigkeiten können Beziehungen ruinieren, was Ihr Herzchakra berührt. Wenn Sie unehrlich sind, schadet das Ihrem sozialen Ansehen, was sich auf Ihr Selbstwertgefühl und Ihre Beziehungen auswirken kann. Soziale Ängste können dazu führen, dass Sie sich von der Welt zurückziehen, sogar von Ihren Freunden und Ihrer Familie, was Ihr Verständnis von Heimat und eigener Identität stört und Ihr Wurzelchakra beeinträchtigt. All diese Rückwirkungen werden schließlich Ihre Fähigkeit blockieren, Energie zu Ihrem Kronenchakra hinauffließen zu lassen und wirklich mit Weitblick in der Welt zu agieren. Was übrig bleibt, ist ein Geist, der mit den belanglosen Dingen des Alltags beschäftigt ist, und die Unfähigkeit, wirklich erleuchtetes Denken zu suchen.

Kapitel 5

Die einzelnen Chakren (Hauptchakren)

Es ist äußerst wichtig, die Rolle zu verstehen, die einzelne Chakren bei der Funktion der jeweils anderen Chakren spielen, aber genauso wichtig ist es, zu verstehen, wie sie einzeln funktionieren. Nur wenn Sie jedes Chakra eingehend erforschen, können Sie erkennen, welche Chakren blockiert sein könnten, und lernen, wie Sie diese Blockaden lösen können. Das wird Ihnen helfen, die Bereiche in Ihrem Leben zu identifizieren, von denen Sie glauben, dass sie von den Chakrenblockaden betroffen sein könnten, und ein stärkeres Gefühl dafür zu entwickeln, wer Sie sind. In diesem Kapitel werden wir ausführlich über jedes einzelne Hauptchakra sprechen, indem wir Ihnen Schlüsselinformationen über die Aspekte des Lebens geben, denen sich jedes Chakra zuordnen lässt, sowie zusätzliche Informationen über sie und die Assoziationen, mit denen sie möglicherweise verbunden sind.

Das Wurzelchakra

Die dazugehörige Farbe

Rot

Das dazugehörige Element

Erde

Die dazugehörigen Körperteile

Die Basis der Wirbelsäule, auch als Beckenboden bekannt, wo die Erde und der Körper in Kontakt miteinander kommen.

Beschreibung

Das Wurzelchakra ist die Basis des gesamten Chakrensystems. Das bedeutet, dass es in einer Dualität existiert. Einerseits befasst es sich mit den niederen Aspekten des menschlichen Lebens, was bedeutet, dass es das am wenigsten wichtige Chakra ist. Andererseits ist es aber auch die Wurzel vieler Aspekte unseres Selbstbilds, einschließlich unserer Kernidentität, unserer Herkunft und unserer Verbindung zu unseren Körperfunktionen. Es bildet sowohl einen großen Teil des täglichen Lebens als auch des Unterbewusstseins. Manche Menschen denken sogar, dass das Wurzelchakra eine eher animalische Seite der menschlichen Natur repräsentiert und uns die niedersten Instinkte zeigt. Es wird jedoch zu einem der problematischsten Chakren, wenn es unausgeglichen ist. Da sich die Energie hier konzentriert, mit dem Ziel, zum Kronenchakra aufzusteigen, bedeutet ein blockiertes Wurzelchakra, dass die Energie nicht einmal zum nächsten Chakra, dem Sakralchakra, aufsteigen kann. Wenn Ihr Wurzelchakra unausgeglichen ist, dann ist die Wahrscheinlichkeit sehr groß, dass Ihr gesamtes Chakrensystem im Allgemeinen stark unausgeglichen ist und es ihm an jeglichem Fluss mangelt. Ihre höheren Chakren werden von ihrer Energiequelle abgeschnitten, und Sie werden das Gefühl haben, weder Wurzeln noch Weisheit zu besitzen. Für die Funktion des gesamten Chakrensystems ist es wichtig, dass dieses Chakra offen ist und frei fließen kann.

Das Sakralchakra

Die dazugehörige Farbe

Orange

Das dazugehörige Element

Wasser

Die dazugehörigen Körperteile

Der Unterleib oder die Genitalien

Beschreibung

Das Sakralchakra ist das Zentrum der Lustfunktion. Ihm sind daher sowohl die Sexualität als auch der kreative Antrieb zugeordnet. Es ist der Bereich, in dem viele Ihrer zentralen Ideen entstehen. Sie brauchen dieses Chakra, um Ihnen eine Art Lebenskraft zu geben. Wenn Ihr Wurzelchakra Ihre Verbindung zur Erde ist, dann ist Ihr Sakralchakra der Antrieb, der es Ihnen erlaubt, sich von ihr zu erheben. Ein weiterer wichtiger Bestandteil Ihres Sakralchakras ist das Selbstwertgefühl. Dabei geht es nicht um das allgemeine Selbstwertgefühl, das wir vielleicht mit der sozialen Welt in Verbindung bringen, sondern um ein tieferes, inneres Selbstwertgefühl, das sich auf unser intimstes Selbst bezieht. Dies ist eine Seite unserer Persönlichkeit, die wir vielleicht nur mit uns selbst oder unseren Intimpartnern teilen. Wenn dieses Selbstwertgefühl bedroht ist, geht es dabei um etwas viel Ernsteres als nur

Peinlichkeit – es vernichtet unser Selbstwertgefühl. Das Sakralchakra steht also für eine weitere Facette unseres Selbstverständnisses, die sich im Vergleich zum Wurzelchakra mehr auf unsere Fähigkeiten als auf unsere Herkunft bezieht.

Wenn Ihr Sakralchakra unausgeglichen ist, können Sie sehr wohl mit Frustration oder Wut reagieren. Das kann sich entweder gegen Sie selbst oder gegen andere richten, aber es entspringt in jedem Fall einem tiefen Gefühl der Unzulänglichkeit. Bei einem blockierten Sakralchakra werden Sie möglicherweise Ihren eigenen Erwartungen nicht gerecht, was dazu führen kann, dass Sie frustriert über Ihre Situation sind und ausrasten. Sie könnten auch Blockaden im kreativen und sexuellen Bereich erleben. In kreativer Hinsicht kann sich dies als Schreibblockade oder auch nur als Mangel an Energie für die Erledigung von kreativen Aufgaben äußern. In sexueller Hinsicht kann es sich entweder in Form von Abneigung oder Verdrängung äußern, oder es kann in die andere Richtung gehen und zu sexueller Besessenheit führen. Manchmal kann dieses Symptom auch körperlich sein und zu sexueller Dysfunktion oder Blasenproblemen führen. Wenn dieses Chakra jedoch gut ausgeglichen ist, werden Sie dies als sehr erfüllend erleben und stolz auf Ihre Leistungen sein. Sie werden auch die innere Zuversicht haben, Ihrer eigenen Intuition und Ihren Gefühlen zu vertrauen.

Das Solarplexus-Chakra

Die dazugehörige Farbe

Gelb

Das dazugehörige Element

Feuer

Die dazugehörigen Körperteile

Die Magengegend oder der Oberbauch

Beschreibung

Das Solarplexus-Chakra ist der Ort, an dem sich das Ego am ehesten manifestiert. Während wir uns durch die Chakren des Körpers nach oben bewegen, beginnen wir nun, uns mit den eher sozialen Aspekten der Welt zu beschäftigen. Da es sich immer noch in der unteren Hälfte der Chakren befindet, befasst sich das Solarplexus-Chakra mit der Sicht auf das eigene Ich in Bezug auf andere. Es ähnelt dem auf dem Selbstwertgefühl basierenden Sakralchakra, legt aber einen besonderen Schwerpunkt auf die Beziehungen zu anderen. Ihr Solarplexus-Chakra hat also mehr mit Ihrer allgemeinen Akzeptanz durch die Gesellschaft oder durch Ihre Freunde zu tun als mit Ihrer Einschätzung Ihrer eigenen Fähigkeiten. Dinge wie Beliebtheit, soziales Ansehen und sogar das allgemeine Gefühl, von anderen geliebt zu werden, können das Selbstwertgefühl im Zusammenhang mit dem Solarplexus-Chakra beeinflussen.

Wenn Ihr Solarplexus-Chakra blockiert ist, werden Sie es wahrscheinlich schwer haben, sich in der Welt wichtig zu fühlen. Sie fühlen sich vielleicht isoliert, ungeliebt, unattraktiv oder nutzlos. Diese Gefühle stehen in direktem Zusammenhang mit einem geschädigten Ego, das das Gefühl hat, auf andere nicht so zu wirken, wie es das möchte. Da der Magen physisch gesehen ein so empfindliches Organ ist, ist dies auch ein Bereich, der viel Raum für körperliche Symptome bietet. Ein blockiertes Solarplexus-Chakra kann zu einer Vielzahl von Verdauungsproblemen führen, einschließlich Nahrungsmittelunverträglichkeiten und der Neigung, sich oft zu übergeben. Wenn es Ihnen jedoch gelingt, dieses Chakra wieder ins Gleichgewicht zu bringen, werden Sie der Welt mit mehr Selbstvertrauen und Konzentration begegnen können.

Das Herzchakra

Die dazugehörige Farbe

Grün

Das dazugehörige Element

Luft

Die dazugehörigen Körperteile

Der Brustkorb

Beschreibung

Die Aufgabe des Herzchakras ist leicht zu erraten: Liebe, Mitgefühl und Verbundenheit mit anderen. Als zentrales Chakra des Körpers befasst es sich weder mit dem persönlichen noch mit dem nach außen gerichteten Selbstwertgefühl, sondern hält beide im Gleichgewicht. Dieses Chakra ist die verbindende Kraft zwischen Ihnen und anderen und stellt somit ein wichtiges Bindeglied zwischen den oberen und unteren Chakren dar. Ihr Herzchakra ist für alles zuständig, was Ihre Beziehungen betrifft, und hilft Ihnen, sich in andere einzufühlen, ihre Bedürfnisse zu verstehen und ihnen Ihre eigenen Bedürfnisse zu vermitteln. Mit anderen Worten: Es wägt zwischen Ihnen selbst und anderen gleichermaßen ab und strebt danach, starke wechselseitige Beziehungen in Ihrem Leben zu schaffen.

Ein unausgeglichenes Herzchakra kann zu vielen Schwierigkeiten in Ihren Beziehungen führen. Das äußert sich oft in Form von Feindseligkeit gegenüber anderen. Negative Gefühle gegenüber anderen Menschen, wie Eifersucht und Wut, sind in der Regel der Ausdruck davon. Sie ertappen sich vielleicht dabei, wie Sie geliebte Menschen verletzen oder das Schlimmste von ihnen erwarten, obwohl sie nichts falsch gemacht haben. Eine andere häufige Art, auf die sich ein unausgeglichenes Herzchakra manifestieren kann, sind Vertrauensprobleme. Sie könnten feststellen, dass Ihr Bindungsstil ängstlich wird, was dazu führt, dass Sie Schwierigkeiten haben, Ihre Beziehungen eng zu halten. Ein unausgeglichenes Herzchakra kann sich auch durch körperliche Symptome wie Brustschmerzen oder Sodbrennen bemerkbar machen. Jemand, dessen Herzchakra gut ausgeglichen ist, ist offen für andere, bereit, Liebe zu geben und zu empfangen, und erlebt sich wirklich als Teil einer starken Gemeinschaft. Dies ist der ideale Zustand, um intime Beziehungen aufzubauen und wirklich Erfüllung zu finden.

Das Hals-Chakra

Die dazugehörige Farbe

Blau

Das dazugehörige Element

Der Weltraum

Die dazugehörigen Körperteile

Der Rachen sowie der Halsbereich und die Nebenhöhlen

Beschreibung

Das Hals-Chakra befasst sich vor allem mit der Funktionsweise des Stimmapparates, besonders im übertragenen Sinne. Das Hals-Chakra ist für alles zuständig, was mit Ihrer Kommunikation und Ihren stimmlichen Qualitäten zu tun hat. Die Art und Weise, wie Sie sprechen und wofür Sie Ihre Worte einsetzen, wird stark vom Hals-Chakra beeinflusst. Folglich ist es wie eine öffentlichere Version des zwischenmenschlichen

Herzchakras. Während sich das Herzchakra auf die starken Bindungen zu den wichtigen Menschen in Ihrem Leben konzentriert, richtet das Hals-Chakra seinen Blick mehr auf die öffentlichen Beziehungen in Ihrem weiter gefassten Leben, auf die Art und Weise, wie Sie sich in der Öffentlichkeit verhalten und wie Sie anderen Ihre Ideen vermitteln. Da das Hals-Chakra das Kommunikations-Chakra ist, befasst es sich mit der breiteren sozialen Welt und Ihrer Fähigkeit, sich dieser mitzuteilen.

Wenn Ihr Hals-Chakra unausgeglichen ist, werden Ihre Kommunikations- und Selbstdarstellungsfähigkeiten stark leiden. Es gibt zwei mögliche Auswirkungen dessen. Die erste Auswirkung ist, dass Sie zu einem unglaublich schüchternen Menschen werden, der sich nur schwer ausdrücken kann. Sie ziehen sich möglicherweise vom Sozialleben zurück oder scheuen Dinge wie öffentliche Reden oder Auftritte. Sie werden zu einer sehr isolierten Person, die vielleicht ein ausgezeichnetes Innenleben hat, aber Schwierigkeiten, dieses in die Welt hinauszutragen. Die zweite mögliche Auswirkung ist, dass Sie zu einer manipulativen Person werden, die von ihren sozialen Fähigkeiten überzeugt ist, sie aber zum Schlechten statt zum Guten einsetzt. Sie sind vielleicht unehrlich, neigen zu Klatsch und Tratsch und sind möglicherweise sogar offen grausam gegenüber den Menschen. Keine dieser beiden Auswirkungen ist wünschenswert und beide führen zu einer Person, die Schwierigkeiten hat, eine gesunde Beziehung zur Außenwelt zu unterhalten. Auch körperliche Symptome können auftreten: Krankheiten wie häufige Erkältungen, Halsschmerzen, vergrößerte Mandeln und Nebenhöhlenentzündungen hängen alle mit einem blockierten Hals-Chakra zusammen. Wenn es Ihnen schließlich gelingt, Ihr Hals-Chakra ins Gleichgewicht zu bringen, werden Sie in der Lage sein, mit anderen auf gesunde und ehrliche Weise zu kommunizieren und sich als vertrauenswürdige und wortgewandte Person zu präsentieren.

Das Stirnchakra

Die dazugehörige Farbe

Indigo

Das dazugehörige Element

Kein zugehöriges Element

Die dazugehörigen Körperteile

Zwischen den Augen

Beschreibung

Das Stirnchakra ist das zweithöchste Chakra im System. Mit dem Stirnchakra erreichen wir zum ersten Mal einen Bereich, der jenseits des alltäglichen menschlichen Lebens liegt. Das „dritte Auge" ist ein im Westen gebräuchlicher Begriff für das Stirnchakra, der gewöhnlich verwendet wird, um zu beschreiben, dass jemand „sein drittes Auge öffnet", um eine höhere Realität wahrzunehmen. Das dritte Auge in der Chakrenheilung ist in gewisser Weise mit diesem Konzept verwandt, aber es hat mehr mit Selbsterkenntnis und Intuition zu tun. Wenn Sie Ihr drittes Auge benutzen, treten Sie im Wesentlichen aus Ihrem Leben heraus und betrachten es von einem objektiveren Standpunkt aus. So können Sie sich von Situationen distanzieren, an die Sie sich vielleicht zu sehr gewöhnt haben und die Sie deshalb nur schwer hinter sich lassen können. Diese Perspektive hilft Ihnen, langfristige Pläne für Ihr Leben zu schmieden und herauszufinden, welche Werte Ihnen wirklich und wahrhaftig wichtig sind. Gleichzeitig geht es beim Stirnchakra auch darum, dass Sie sich stärker mit Ihrer Intuition verbinden und sich selbst oder Ihren Körper bewusster wahrnehmen. Es geht also gleichzeitig um Intuition und größere Objektivität.

Wenn Ihr Stirnchakra blockiert ist, sind Sie sehr kurzsichtig in der Art und Weise, wie Sie über Ihr Leben denken und es planen. Man könnte sagen, dieser Zustand ist so, als ob man den Wald vor lauter Bäumen nicht sieht – man kann den großen Plan seines Lebens nicht erkennen, weil man zu sehr von den alltäglichen Kleinigkeiten abgelenkt ist. Vielleicht haben Sie das Gefühl, dass Ihnen in Ihrem Leben der Fokus fehlt, oder Sie sind nicht in der Lage, den höheren Zweck oder das Ziel dessen, was Sie tun, zu erkennen. Dies kann dazu führen, dass Sie sich in Karrieren oder Beziehungen verstricken, die scheinbar einfach fortlaufen, ohne dabei eine klare Richtung oder ein Ziel zu haben. Sie könnten auch körperliche Symptome verspüren. Eines der häufigsten Symptome ist die Migräne, von der viele Menschen betroffen sind. Ebenfalls kann es vorkommen, dass Sie verschwommen sehen oder Ihre Augen überanstrengt sind. Wenn Sie hart daran arbeiten, Ihr Stirnchakra zu lösen, werden Sie in der Lage sein, klarer zu sehen, um Ihr Leben besser zu planen und sich auf kraftvollere Art mit Ihrer tiefsten Intuition zu verbinden.

Das Kronenchakra

Die dazugehörige Farbe

Weiß

Das dazugehörige Element

Kein zugehöriges Element

Die dazugehörigen Körperteile

Der Scheitel

Beschreibung

Das Kronenchakra ist das höchste aller Chakren. Es ist die Krönung des Chakrensystems und für die Verbindung mit den höheren spirituellen Welten verantwortlich. Das Ziel des gesamten Chakrensystems ist es, dass die Energie schließlich nach oben in das Kronenchakra fließt und sich dort konzentriert, damit Sie die endgültige Erleuchtung erreichen. Diesem Chakra wohnt eine große Macht inne, und wenn es aus dem Gleichgewicht gerät, kann es für den Betroffenen eine Menge Probleme verursachen. Sie fühlen sich dann eventuell ständig frustriert oder von Ihrem spirituellen Selbst abgeschnitten. Es kann sein, dass Sie mit Ihrem Glauben hadern oder dass es Ihnen schwerfällt, an Ihrer Sicht der kosmischen Ordnung des Universums festzuhalten. Wenn dieses Chakra jedoch ausgeglichen ist, werden Sie sich einer starken Verbindung zu Ihrem höheren Selbst erfreuen und ein besseres Verständnis für das Universum als Ganzes entwickeln.

Kapitel 6:
Die höheren Chakren

Bis jetzt haben wir nur über die Chakren gesprochen, die im physischen Körper vertreten sind. Jedes Chakra hat eine klare Beziehung zu einem bestimmten Körperteil und wird sich daher bei Blockaden in bestimmten physischen und psychischen Problemen manifestieren. Es gibt jedoch noch eine weitere Gruppe von Chakren, die einen Einfluss darauf haben, wie Sie Ihr Leben leben. Diese Chakren befinden sich nicht auf dem physischen Körper, sondern in Bereichen rund um den Körper. Sie werden die „höheren Chakren" genannt. Die höheren Chakren sind direkt mit der Körperenergie verbunden. Wenn wir über die Körperenergien sprechen, meinen wir nicht nur die tatsächlichen Punkte am Körper, sondern die Energie, die der Körper ausstrahlt. Beim Konzept der höheren Chakren gibt es bestimmte Energieknoten im Körper, die sich in einzelnen Chakren konzentrieren. Man nennt dies den „Ätherkörper". Diese Chakren funktionieren ähnlich wie die übrigen Chakren des Körpers. Sie können blockiert sein oder aus dem Gleichgewicht gelangen und so Aspekte Ihres Denkens und Ihres Lebens beeinflussen. Wie bei den Hauptchakren gibt es auch hier eine unterschiedliche Anzahl von Chakren, je nachdem, welches Chakrensystem Sie verwenden; hier werden wir uns vor allem mit fünf Chakren befassen. Diese fünf sind das Erdsternchakra, das Seelensternchakra, das universelle Chakra, das galaktische Chakra und das göttliche Chakra. In diesem Kapitel werden wir uns jedes dieser Chakren im Detail ansehen und ihren Einfluss auf Ihren Chakrenheilungsprozess besprechen.

Das Erdsternchakra

Lage

30 Zentimeter unter den Füßen

Beschreibung

Das Erdsternchakra steht in engem Zusammenhang mit dem Wurzelchakra. Es befindet sich unter unseren Füßen und ist daher fast immer in der Erde zu finden. Dieses Chakra weist darauf hin, dass ein Großteil unserer Chakrenenergie in der Erde verweilt. Das ist eine gute Sache! Es bedeutet, dass wir eine starke Verbindung zur Erde unter uns haben und in ihr Bodenhaftung finden können. Wenn das Erdsternchakra also so eng mit dem Wurzelchakra verwandt ist, wo liegt dann der Unterschied zwischen den beiden? Nun, der Hauptunterschied liegt in der Verbindung und darin, dass das Erdsternchakra ein Gefühl für etwas außerhalb von uns selbst beschreibt, wie seine Lage andeutet. Dieses Chakra konzentriert sich auf Ihre Beziehung zur Erde unter Ihren Füßen, im Gegensatz zum Wurzelchakra, das sich mehr auf Ihr Identitätsgefühl konzentriert. Das Erdsternchakra ist unglaublich wichtig, nicht nur für das Erleben der Erdverbundenheit, sondern auch für das Gefühl, ein Teil des organischen Materials zu sein, aus dem sich die Erde zusammensetzt. Es erinnert uns daran, dass wir aus der Erde kommen und aus ihren Materialien bestehen. Wir sind von Natur aus mit ihr verbunden und werden eines Tages zu ihr zurückkehren. Ihr Erdsternchakra kann auch mit Ihrem Gefühl der Achtsamkeit oder dem Gefühl der Präsenz bei Ihren täglichen Aktivitäten zu tun haben.

Wenn Ihr Erdsternchakra aus dem Gleichgewicht gerät, besteht die Gefahr, dass Sie diese Bodenhaftung verlieren. Sie fühlen sich dann vielleicht, als würden Sie im Raum schweben oder nicht wirklich menschlich sein. Oft erleben Menschen, die ein Leben führen, das sehr weit von der Natur entfernt ist, Blockaden des Erdsternchakras. Wenn Sie zum Beispiel nicht oft draußen spazieren gehen oder in einer Gegend leben, die sehr betonlastig ist, könnten Sie eine Trennung von Ihrem Erdsternchakra spüren; das kann auch passieren, wenn Sie in einem Hochhaus leben oder arbeiten und die meiste Zeit Hunderte von Metern über der Erde verbringen. All diese Situationen führen dazu, dass wir die Verbindung zur Erde verlieren, was bedeutet, dass unser Erdsternchakra ständig im Raum herumschwebt. Um Ihr Erdsternchakra zu heilen, sollten Sie mehr Zeit in der Natur verbringen, um sicherzustellen, dass dieser Energieknoten tatsächlich mit der Erde in Kontakt kommt. Wandern, Yoga im Freien oder sogar Schwimmen in einem See können Wunder für die Gesundheit Ihres Erdsternchakras bewirken.

Das Seelensternchakra

Lage

15 Zentimeter über dem Kopf

Beschreibung

Das Seelensternchakra befindet sich physisch gesehen in der entgegengesetzten Position zu Ihrem Erdsternchakra. Es ist eine Erweiterung Ihres Kronenchakras, so wie Ihr Erdsternchakra eine Erweiterung Ihres Wurzelchakras ist. Das Seelensternchakra bezieht sich auf Ihr höheres

Selbst, den Kern Ihres Wesens, der über die Reinkarnationen hinweg bestehen bleibt. In der Tat ist das Seelensternchakra oft der Weg, auf dem viele Menschen versuchen, ihre vergangenen Leben zu erforschen. Frühere Leben werden auch als „Akasha-Aufzeichnungen" bezeichnet und können genutzt werden, um einen tiefen Einblick in die Natur der Seele zu gewinnen. Wir tragen so vieles aus einem früheren Leben in uns, was sowohl Ängste als auch Talente im jetzigen Leben stark beeinflussen kann. Die Entdeckung von Erfahrungen aus früheren Leben ist ebenso aufschlussreich wie die Entdeckung von Kindheitstraumata – sie kann Ihnen eine Menge Einblicke in das geben, was Sie heute sind. Manche Menschen finden auch, dass dieses Chakra ihnen hilft, sich mit ihrer übersinnlichen Seite zu verbinden. Viele Menschen verwenden Steine, um dieses Chakra stärker zu aktivieren, indem sie sie an die Stelle über ihrem Kopf halten, an der sich das Seelensternchakra befindet. Diejenigen, die ihr Seelensternchakra erfolgreich geöffnet haben, haben vielleicht das Gefühl, dass sie eine höhere Ebene der Realität sehen können und eine stärkere Beziehung zu übernatürlichen Kräften haben.

Das universelle Chakra

Lage

30 Zentimeter über dem Kopf

Beschreibung

Direkt über dem Seelensternchakra befindet sich das universelle Chakra. Das universelle Chakra steht in direktem Zusammenhang mit der Einheit des Seins, über die wir in unserem Abschnitt über den Buddhismus gesprochen haben. Die Kernenergie des Universums wird Ihnen durch die Magie des universellen Chakras zugänglich. Dieses Chakra verbindet Sie mit der bedingungslosen Liebe und dem inneren

Zusammenhang aller Wesen, der durch das Zentrum unserer Welt pulsiert. Das universelle Chakra kennt auch keine Zeit, sodass Sie, wenn Sie es lösen, die bedrückenden Fesseln der linearen Zeit ablegen können und etwas Dauerhafteres erlangen. Heilsteine und eine auf die Kopfkrone ausgerichtete Meditation können Wunder dabei bewirken, dieses Chakra zu lösen und ein Leben inmitten der kosmischen Realitäten des Jenseits zu beginnen.

Das galaktische Chakra

Lage

0,5 bis 5 Meter über dem Kopf

Beschreibung

Das galaktische Chakra macht seinem Namen alle Ehre, denn es ist das höchste der Chakren, die wir bisher untersucht haben. Dieses Chakra ist weiter von Ihrem Körper entfernt, und daher hat die Energie Ihres Körpers keinen so starken Einfluss darauf, aber das macht dieses Chakra nicht weniger wichtig. Dieses Chakra ermöglicht es Ihnen wirklich, sich mit den intergalaktischen Möglichkeiten zu verbinden, die sich draußen im Universum befinden. Manche Menschen nennen das galaktische Chakra das „Prophezeiungs-Chakra". Es hat diesen Ruf erlangt, weil es bei Dingen wie Hellsehen und Wahrsagerei hilft. Viele professionelle Hellseher zapfen ihr eigenes galaktisches Chakra an, um sich mit den mit der Zukunft verbundenen Kräften draußen im Universum zu verbinden. Doch dieses Chakra hilft nicht nur bei Fragen der Zukunft, sondern auch bei der Aufdeckung geheimer Bedeutungen und tieferer Wahrheiten. Hellseher nutzen auch ihr galaktisches Chakra, um über das Alltagsgetümmel hinweg zu den Dingen zu sehen, die noch nicht enthüllt wurden. Wenn Sie einen stärkeren Einblick in die Zukunft haben oder sogar das Niveau eines vollwertigen Hellsehers erreichen wollen, dann müssen Sie aktiv mit Ihrem galaktischen Chakra in Kontakt treten.

Das göttliche Chakra

Lage

Oberhalb des galaktischen Chakras bis in die Unendlichkeit

Beschreibung

Das göttliche Chakra ist das höchste Chakra auf dieser Liste und in der Tat das höchste Chakra im gesamten Chakrensystem. Dieses Chakra beginnt dort, wo Ihr galaktisches Chakra endet, und hilft Ihnen bei Ihrer Verbindung zu wichtigen ewigen Kräften. Durch das göttliche Chakra verbinden Sie sich mit der höchsten Form des Wissens und steigen wahrhaftig zum obersten Punkt des Universums auf. Sie verstehen endlich, dass alles eins ist, und haben Ihre spirituelle Reise abgeschlossen. Diejenigen, die sich erfolgreich mit ihrem göttlichen Chakra verbunden haben, gehören zu den ruhigsten und entspanntesten Menschen, die Sie je treffen werden. Sie scheinen alles mit Leichtigkeit zu nehmen, nichts scheint sie in ihrem Wesenskern zu stören. Bringen Sie Ihr göttliches Chakra ins Gleichgewicht, und Sie werden ein Leben voll von höchstem Wissen und spiritueller Führung genießen.

Kapitel 7

Einzelne Chakren (Nebenchakren)

Neben den sieben Hauptchakren des Körpers und den fünf äußeren Chakren jenseits des Körpers gibt es auch einige weniger bedeutende Chakren, die unseren Körper und unser Verhalten beeinflussen. Diese werden „Nebenchakren" genannt. Einige dieser Nebenchakren werden in bestimmten Chakrenpraktiken in den Rang von Hauptchakren erhoben, aber für unsere Zwecke werden wir über sie als Teil der Nebenchakren-Gruppe sprechen. Auch wenn sie als „unbedeutend" bezeichnet werden, können sie dennoch einen bedeutenden Einfluss auf Ihren Körper und Ihren Geist haben und Ihre Gefühle oder Entscheidungen beeinflussen. Während sich die Hauptchakren einfach auf Schlüsselpunkte in der Körpermitte konzentrieren, sind die Nebenchakren mit spezifischeren Teilen des Körpers verbunden. Diese konzentrierten Chakrapunkte können Ihnen helfen, spezifischeres Wissen über den Körper und seine Wirkung auf den Geist zu erlangen. In diesem Kapitel werden wir drei einzelne Nebenchakren besprechen und Ihnen helfen, ihre einzigartigen Qualitäten und Bedeutungen voneinander zu unterscheiden. Die Chakren, die wir besprechen werden, sind das Fußchakra, das Kniechakra und das Schamchakra. Wenn Sie diese spezifischen Chakren kennenlernen, können Sie die entsprechenden Bereiche am Körper und ihre Bedeutungen klarer definieren.

Das Fußchakra

Lage

Die Füße

Beschreibung

Das erste Chakra auf der Liste der Nebenchakren ist das Fußchakra. Dieses Chakra steht in engem Zusammenhang mit dem Wurzelchakra und dem Erdsternchakra. Mit anderen Worten, es steht in Zusammenhang mit dem Gefühl der Erdverbundenheit und der Verbindung zur Erde. Ihr Fußchakra ist dafür verantwortlich, Ihr Kronenchakra wieder mit der Erde zu verbinden, sodass Sie Ihren Körper als eine Art Blitzableiter nutzen, der die Himmelsenergie mit der Erd-Energie verbindet. Wenn Sie ein besonders blockiertes Fußchakra haben, werden Sie wahrscheinlich viele Symptome wie Müdigkeit, Unruhe und Orientierungslosigkeit spüren. Sie haben vielleicht das Gefühl, dass Sie keinen starken Sinn für Heimat haben oder nicht wissen, wo Sie wirklich Unterstützung finden können. Vielleicht sind Sie auch häufig verwirrt und wissen nicht, was Sie mit Ihrem Leben anfangen sollen. Wenn Sie unter diesen Symptomen leiden, müssen Sie dringend Ihr Fußchakra ausgleichen, und das geht ähnlich wie beim Erdsternchakra: Verbinden Sie Ihre Füße mit der Natur, indem Sie barfuß durchs Gras laufen oder sie in eine natürliche Wasserquelle wie einen Teich oder einen Bach tauchen. Sie können auch Heilsteine verwenden, vor allem solche, die mit Erdung zu tun haben, um Ihre Fußchakren zu lösen. Wenn es Ihnen gelingt, Ihre Fußchakren zu lösen und sie für das Licht zu öffnen, werden Sie ein Leben voller Bodenhaftung und Sicherheit genießen.

Das Kniechakra

Lage

Knie

Beschreibung

Wir denken vielleicht nicht viel über sie nach, aber unsere Knie sind tatsächlich sehr wichtige Teile unseres Körpers. Sie sind das wichtigste Bindeglied in unseren Beinen und helfen uns, richtig zu gehen. Sie sind ein Brennpunkt für einen Großteil unserer Energie und ermöglichen freie Bewegung. Doch wie viele andere wichtige Gelenke im Körper neigen auch die Knie zu Problemen. Viele Menschen haben, vor allem wenn sie älter werden, Probleme mit ihren Knien. Sie haben vielleicht Schwierigkeiten beim Gehen, Treppensteigen oder Sich-Hinknien. Aus diesem Grund ist es wichtig, die Knie zu pflegen und sie in der spirituellen Praxis gut zu behandeln. Eine wichtige Möglichkeit, sich spirituell um die Knie zu kümmern, bietet das Kniechakra. Es ist ein wichtiges Nebenchakra und kann genutzt werden, um ein energiereiches und dynamisches Leben zu fördern. Eine der besten Behandlungen zur Lösung des Kniechakras ist Yoga. Yoga fördert die Körperkraft und verbindet uns mit den wunderbaren Bewegungsmöglichkeiten unseres Körpers. Das Üben einiger Yogaposen, die auf die Knie fokussiert sind, kann Ihnen helfen, diesem Teil Ihres Körpers etwas Liebe zu schenken und das ganze aufregende Potenzial in seinem Kern freizusetzen.

Das Schamchakra

Lage

Die Genitalien

Beschreibung

Dieses Chakra ist eine verfeinerte Version des Sakralchakras, befindet sich weiter unten an den Sexualorganen und schafft eine konzentrierte Perspektive auf die Sexualität. Dieses Chakra konzentriert sich ausschließlich auf das sexuelle Funktionieren und berührt daher auch andere Aspekte des Lebens wie Beziehungen, Selbstwertgefühl und Angstzustände. Ein blockiertes Schamchakra führt unweigerlich zu sexuellen Problemen, Unterdrückung oder Hypersexualität. Dieses Chakra kann ausgeglichen werden, indem man eine gesunde Einstellung zur Sexualität und zum Körper praktiziert. Egal, ob Sie allein sind oder einen Partner haben; versuchen Sie, eine Umgebung zu schaffen, in der Sie sich wohl und sicher fühlen. Experimentieren Sie mit verschiedenen Stellungen (von denen viele im hinduistischen Text *Kamasutra* zu finden sind), die Ihnen helfen, mit Ihren Gefühlen gegenüber sich selbst umzugehen und frustrierte sexuelle Energie freizusetzen, die Sie möglicherweise erleben.

Säule 3:
Beziehungen

+————— • ◄——— • ———+

Wie wir in den vorangegangenen Kapiteln dieses Buches gesehen haben, sind die Chakren untrennbar mit den vielen Systemen des Körpers und auch mit vielen anderen spirituellen Systemen verbunden. Chakren existieren nicht in einem Vakuum. Deshalb ist es so wichtig, dass Sie ein tiefes Verständnis für Ihre Chakren und deren Wirkung auf Ihren Körper entwickeln, denn sie beeinflussen viele verschiedene Bereiche des Körpers und des Geistes sehr stark. Wir haben bereits über Chakren und ihre Beziehung zu vielen Dingen wie Religion, Astrologie, Heilsteinen und anderen spirituellen Praktiken gesprochen, aber hier werden wir zwei spezifische Systeme, zu denen Chakren in sehr starker Beziehung stehen, genauer untersuchen. In diesem Abschnitt werden wir diese sehr enge Beziehung zwischen den Chakren sowie einem System des Körpers – dem endokrinen System – und einem spirituellen System – den Elementen – untersuchen. Durch diese Vergleiche werden Sie ein ganzheitlicheres Verständnis der Chakren gewinnen und in der Lage sein, sie besser in viele der Praktiken zu integrieren, die Sie bereits in Ihrem Leben anwenden.

Kapitel 8:
Chakren und das endokrine System

Das endokrine System ist interessant, weil es ein sehr wichtiges System im Körper ist, aber in der Mainstream-Kultur nicht viel Aufmerksamkeit erhält. Wir sprechen viel über das Nerven- und das Verdauungssystem, die klare Funktionen in Bezug auf die Art und Weise haben, wie wir essen und mit Ängsten umgehen. In unserer Kultur wächst auch das Bewusstsein für Dinge wie das System der Darmbakterien und die chemischen Vorgänge, die an der psychischen Gesundheit beteiligt sind, aber das sind nur einige Teile des Puzzles, wenn wir über die komplexen Systeme des Körpers sprechen. Es gibt so viele Funktionen, die der Körper ausführt, ohne dass wir uns dessen überhaupt bewusst sind, und das endokrine System ist eine davon. Das endokrine System ist nicht ein verstecktes Organ, von dem Sie nicht wussten, dass es existiert, sondern es besteht aus einer Reihe bekannter Organe, von denen Sie wahrscheinlich nicht wussten, dass sie miteinander in Verbindung stehen. Dieses System spielt eine sehr wichtige Rolle bei vielen hormonellen Funktionen des Körpers. Außerdem ist es eng mit dem System der Chakren verbunden und sollte daher in einem Buch über dieses Thema behandelt werden. In diesem Kapitel werden wir die Beziehung zwischen diesem System – dem endokrinen System – und den Chakren erörtern. Zunächst werden wir Ihnen einige Hintergrundinformationen zum endokrinen System selbst geben, die Ihnen helfen, seine spezifischen Funktionen zu verstehen. Dann werden wir aufschlüsseln, wie dieses System mit jedem einzelnen Chakra sowie mit dem Chakrensystem als Ganzem interagiert.

Was ist das endokrine System?

In gewisser Weise ist das endokrine System tatsächlich eine Art physische Version der Chakren. Dieses System unterteilt den Körper in verschiedene Teile, die jeweils durch ein Organ in verschiedenen Körperregionen repräsentiert werden und dabei von unten nach oben verlaufen. Es wird auch behauptet, dass diese Organe miteinander verbunden sind, und obwohl jedes seine eigenen spezifischen Funktionen ausübt, können sie sich gegenseitig stark beeinflussen. Das macht sie zu einem System. Im Wesentlichen hat also jeder Aspekt des endokrinen Systems eine Kernfunktion, und die Wechselbeziehungen zwischen den Organen werden durch den Fluss von Hormonen anstelle von Energie ausgedrückt. Die verschiedenen Teile des endokrinen Systems haben also denselben Fluss wie die Chakren und können ebenso tiefgreifende Auswirkungen auf Geist und Körper haben. Die wichtigsten Bereiche, die das endokrine System tangiert, sind der Stoffwechsel, der allgemeine Geisteszustand, das Stressniveau, die Schmerzreaktion, die Energie, die Fortpflanzung und die Entwicklung des Körpers. Das sind eine Menge Aspekte, für die es zuständig ist – und wichtige noch dazu! Kein Wunder, dass dieses System als so wichtig angesehen wird und in dieser Hinsicht mit den Chakren verglichen werden kann. Das endokrine System besteht aus vielen Organen und Drüsen, die alle in unterschiedlichem Maße Auswirkungen auf die oben aufgeführten Funktionen haben und bei denen die einen für das ordnungsgemäße

Funktionieren der anderen verantwortlich sind. Kurz gesagt, das endokrine System ist ein äußerst wichtiges System, das für viele psychische und physische Probleme des Körpers verantwortlich ist.

Die Teile des Systems

Wie wir bereits erwähnt haben, gibt es viele verschiedene Organe und Drüsen, die mit dem endokrinen System verbunden sind. In vielerlei Hinsicht funktioniert dieses System ähnlich wie die Chakren und umfasst Teile des Körpers vom Scheitel bis zur Fußsohle. In diesem Abschnitt werden wir über die verschiedenen Organe des endokrinen Systems sprechen und die Art und Weise beschreiben, wie jedes einzelne dieser Organe den Körper und den Geist beeinflusst, sowie seine Beziehung zum Chakrensystem. Aus Gründen der Symmetrie werden wir die Liste von unten nach oben abarbeiten, genau wie bei den Chakren, um Ihnen dabei zu helfen, die Verbindungen zwischen den beiden Systemen zu erkennen.

Hoden/Ovarien

Die ersten wichtigen Körperteile im endokrinen System sind die Organe, die Fortpflanzungsfunktionen ausüben. Das können je nach biologischem Geschlecht der Person entweder die Eierstöcke oder die Hoden sein. Diese Organe sind die untersten Organe, haben aber auch eine sehr wichtige Funktion. Interessanterweise sind diese Organe nicht überlebenswichtig. Denn bei vielen Menschen wurden sie entfernt oder die Ei- bzw. Samenleiter durchtrennt und die Menschen sind trotzdem völlig gesund. Manche Menschen müssen sie jedoch behalten, um die menschliche Spezies erhalten zu können. Diese Organe haben also eine interessante Funktion im Körper – sie dienen der Erhaltung der menschlichen Spezies, nicht aber des menschlichen Körpers selbst. Obwohl sie technisch gesehen die untersten Organe auf dieser Liste sind, ist ihr entsprechendes Chakra eigentlich nicht das Wurzelchakra, sondern das Sakralchakra. Dieses Chakra ist für die Fortpflanzung und stellvertretend auch für die Sexualfunktion zuständig. Eierstöcke und Hoden dienen auch der wichtigen Aufgabe, Sexualhormone wie Östrogen und Testosteron bei Männern und Frauen zu produzieren, also Hormone, die die Sexualfunktion und die Entwicklung des Körpers unterstützen. Wenn wir über das Sakralchakra sprechen, geht es also auch um Fortpflanzung und die Fähigkeit, Leben in die Welt zu bringen.

Wie hängen nun die Funktionsstörungen dieser Organe mit der Blockade des Sakralchakras zusammen? Nun, das Sakralchakra ist auch mit Kreativität und dem Selbstwertgefühl verbunden. Manche Menschen empfinden Scham oder Enttäuschung über ihre Unfähigkeit, Kinder zu bekommen. Das ist etwas, das sie verarbeiten müssen, um sich selbst so zu akzeptieren, wie sie sind, aber dennoch könnte es ein gewisses Hindernis auf dem Weg zur Wiederherstellung ihres Selbstwertgefühls darstellen. Viele Menschen verbinden auch Kreativität mit Fortpflanzung und betrachten ihre Kinder als kreative Projekte, die es richtig zu formen gilt. Es kann aber auch das Gegenteil der Fall sein – dass ihre kreativen Projekte wie ihre Kinder sind. Manche Menschen nennen ihren Roman oder Film ihr „Baby" und verweisen damit auf den mühsamen Entstehungsprozess, der sich manchmal wie die Erziehung eines Kindes anfühlt. Reproduktionsstörungen können also auch metaphorisch mit kreativer Stagnation oder Schreibblockaden in Verbindung gebracht werden. In diesem Sinne gibt es viele wichtige physische und thematische Verbindungen zwischen dem Sakralchakra und den Hoden oder den Eierstöcken.

Bauchspeicheldrüse

Die Bauchspeicheldrüse ist eines der am meisten übersehenen Organe im Körper, aber sie erfüllt dennoch einen sehr wichtigen Zweck. Sie befindet sich im Unterleib direkt hinter dem Magen, und ihr entsprechendes Chakra ist der Solarplexus. Die Bauchspeicheldrüse erfüllt eine der wichtigsten hormonellen Funktionen des Körpers, indem sie Insulin produziert, das dazu beiträgt, den Blutzuckerspiegel im Körper unter Kontrolle zu halten. Sie produziert auch Enzyme und hilft Ihnen, Nahrung richtig zu verdauen. Sie brauchen Ihre Bauchspeicheldrüse sehr dringend. Eine gestörte Bauchspeicheldrüse ist die Hauptursache für Diabetes, bei dem die Betroffenen gezwungen sind, ihren Blutzucker manuell mit synthetischem Insulin zu regulieren, was sehr schwierig ist und viel Zeit in Anspruch nimmt. Grundsätzlich ist es wichtig, dass Ihre Bauchspeicheldrüse richtig funktioniert.

Die Bauchspeicheldrüse steht vor allem durch die Regulierung bestimmter Verdauungsprobleme mit dem Solarplexus-Chakra in Verbindung. Die Bauchspeicheldrüse trägt dazu bei, dass das Verdauungssystem richtig funktioniert, was auch die Hauptaufgabe des Solarplexus-Chakras ist. Die Bauchspeicheldrüse arbeitet also mit diesem Chakra zusammen, was bedeutet, dass Blockaden oder Fehlfunktionen eines der beiden katastrophale Auswirkungen auf beide haben können. Was sich psychisch bei Schwierigkeiten mit dem Solarplexus-Chakra zeigt, kann sich auch in der Bauchspeicheldrüse manifestieren – Gefühle von Kontrollverlust und Fehlregulation des Körpers. Dieses Regulierungsorgan steht in enger Verbindung mit dem stark auf das Gleichgewicht ausgerichteten Solarplexus-Chakra.

Nebennierendrüse

Ein weiterer Teil des endokrinen Systems, der eng mit dem Solarplexus-Chakra verbunden ist, sind die Nebennieren. Das sind Drüsen, die auf den beiden Nieren sitzen und ihnen helfen, deren Hauptfunktionen zu erfüllen. Diese Drüsen sind auch eng mit anderen Drüsen im Körpersystem verbunden, wie der Hypophyse und dem Hypothalamus. Diese drei Drüsen bilden ein eigenes kleines endokrines System, das dem Körper bei der Regulierung vieler verschiedener wichtiger Hormone hilft. Die Nebenniere ist vor allem für die Ausschüttung von Hormonen wie Epinephrin verantwortlich, das auch als Adrenalin bezeichnet wird. Adrenalin ist für den Energiehaushalt des Körpers verantwortlich und kann in Zeiten extremen Stresses für den wichtigen Energieschub und das Gefühl von Vitalität sorgen. Was diese hormonellen Funktionen im Wesentlichen bewirken, ist die Regulierung von Dingen wie Blutdruck und Stoffwechsel. Dies sind zwei äußerst wichtige Aspekte des Körpers, deren Missmanagement in einigen ernsten chronischen Beschwerden resultieren kann, die schließlich zu tödlichen Problemen wie Herzerkrankungen führen können. Wir sehen, dass die beiden Organe, über die wir bisher im Zusammenhang mit dem Solarplexus-Chakra gesprochen haben, in hohem Maße mit der Regulierung verbunden sind. Diese Organe helfen dem Körper, das Gleichgewicht zu halten, was wiederum eng mit den Funktionen des Solarplexus zusammenhängt.

Thymusdrüse

Weiter oben im Körper, in der Brust, befindet sich der Thymus. Sie können sicher schon erahnen, welches Chakra mit diesem Organ verbunden ist: das Herzchakra. Die Thymusdrüse erfüllt einige sehr wichtige Funktionen für das Immunsystem des Körpers. Wenn Sie einen Virus bekämpfen, ist Ihr Thymus derjenige, der gegen die Eindringlinge im Körper kämpft. Er trägt dazu bei, dass Sie gesund und stark bleiben. Das hängt mit dem Schwerpunkt des Herzchakras auf Gesundheit und Glück zusammen, vor allem in Bezug auf die Familie. Man kann sich den Körper als Familie vorstellen und den Thymus als beschützendes Elternteil, das versucht, Gefahren abzuwehren. Der Thymus ist ein pflegendes Organ und trägt wesentlich dazu bei, dass Sie stark bleiben gegen viele verschiedene Krankheiten, die den Körper angreifen und großen Schaden anrichten können.

Schilddrüse

Die Schilddrüse befindet sich direkt neben dem Kehlkopf an der Vorderseite des Halses. Aufgrund ihrer Lage steht sie natürlich in direktem Zusammenhang mit dem Hals-Chakra. Die Schilddrüse ist für den Stoffwechsel verantwortlich. Viele Menschen mit Schilddrüsenfehlfunktionen haben große Schwierigkeiten, ein gesundes Gewicht zu halten, und bleiben oft trotz gesunder Ernährung untergewichtig oder trotz Kalorienrestriktionen übergewichtig. Viele Menschen mit Schilddrüsenproblemen, insbesondere solche, bei denen sie nicht diagnostiziert wurden, haben das Gefühl, keine Kontrolle über ihren Körper zu haben, und leiden deshalb möglicherweise unter einem gestörten Selbstwertgefühl. Eine Schilddrüsenfehlfunktion kann auch zu chronischen Angstzuständen führen, sodass viele Menschen mit Schilddrüsenproblemen unter sozialem Rückzug oder extremen Ängsten leiden, wenn sie beispielsweise in der Öffentlichkeit sprechen. Interessanterweise weist dies viele Parallelen zu einigen der Probleme auf, die in unserem Abschnitt über ein unausgeglichenes Hals-Chakra beschrieben wurden. Wenn Sie feststellen, dass Sie unter extremen Ängsten leiden, dann haben Sie möglicherweise ein Problem mit Ihrem Hals-Chakra oder Ihrer Schilddrüse.

Hypothalamus

Schließlich erreichen wir das Gehirn und damit das Stirnchakra. Der Hypothalamus ist eine Drüse im Gehirn, die für eine Vielzahl von Gehirnfunktionen verantwortlich ist. Er befindet sich direkt unter dem Sehnerv, was ihn physisch sehr eng mit der Beziehung des Stirnchakras zum Sehen verbindet. Er hat aber noch viele andere Aufgaben – viel mehr als alles, was mit dem Sehen zu tun hat. Der Hypothalamus kontrolliert Dinge wie den Blutdruck, den Appetit, die allgemeine Regulierung der Körpertemperatur und sogar den Schlaf. All diese Dinge sind sehr wichtig. Vor allem aber wirken sich all diese Regulierungen auf die kognitiven Funktionen aus. Phänomene wie Bluthochdruck, ein unregelmäßiger Essensplan oder zu wenig Schlaf haben alle einen erheblichen negativen Einfluss auf das Gehirn und sein Funktionieren, aber wenn das Gehirn nicht richtig funktioniert, funktionieren diese Dinge natürlich auch nicht. Wir können sehen, in welchen Teufelskreis der Hypothalamus geraten kann, wenn er nicht reguliert wird. Dies hängt auch mit den langfristigen Zielen und der Planung zusammen, für die das Stirnchakra zuständig ist. Die Regulierung dieser grundlegenden Funktionen des Körpers hilft, den Körper gesund und den Geist frisch zu halten, und hat einen starken Einfluss auf die Art und Weise, wie wir denken.

Die Aufschlüsselung der Chakraverbindung

Die Verbindung zwischen den Chakrapunkten und den Schlüsselorganen des endokrinen Systems ist sicherlich auffällig. Es scheint, dass wir uns schon, bevor wir die Technologie dazu hatten, den menschlichen Körper zu sezieren, der Tatsache bewusst waren, dass diese Punkte sehr wichtig für ein zusammenhängendes Netz sind. Wenn wir das endokrine System mit dem Chakrensystem vergleichen, können wir sehen, dass das System der Chakren tatsächlich eine solide medizinische Grundlage hat. Diese Punkte am Körper sind nicht willkürlich gewählt, und wir können sehen, dass sie tatsächlich ähnliche Funktionen für den Gesamtzweck des Körpers haben. Wir können auch sehen, dass die Chakren über eine starke Verbindung zu den tatsächlichen Funktionen des Körpers verfügen, und wir können beobachten, auf welche Weise ein blockiertes Chakra den Körper beeinflussen kann. Damit soll nicht gesagt werden, dass es der medizinischen Wissenschaft bedarf, um die Chakrenheilung zu legitimieren, sondern es soll lediglich darauf hingewiesen werden, dass die Chakren nicht aus dem Nichts kommen und ihre Beziehung zum Körper sowohl beobachtet als auch gefühlt werden kann.

Kapitel 9:
Die Chakren und die Elemente

In unserem Abschnitt über die einzelnen Chakren haben wir bereits je ein Element aufgeführt, das sich mit einem Chakra deckt. Das mag als nicht so wichtig erschienen sein, doch die Verbindung mit den Elementen ist eines der Dinge, die die Chakren mit vielen anderen spirituellen Systemen verknüpfen. Die Elemente sind mit Bedeutungen verbunden, die Ihnen helfen können, Ihre Chakrenheilpraxis weiter auszubauen. Darüber hinaus kann die Verbindung der Elemente in Ihren Chakren mit den elementaren Assoziationen anderer spiritueller Praktiken wie Astrologie, Steinheilkunde und Tarot Ihnen helfen, diese anderen Praktiken in Ihre Chakrenheilung einzubeziehen. In diesem Kapitel werden wir über den Zusammenhang zwischen den Elementen und den Chakren sprechen. Zunächst werden wir eine detaillierte Definition des spezifischen Elementsystems vorstellen, das wir verwenden werden, damit Sie die Besonderheiten dieses Systems verstehen und wissen, woher es stammt. Als Nächstes werden wir jedes einzelne Element auflisten und Ihnen eine Beschreibung all der Dinge geben, mit denen es assoziiert wird, sowie die spezifischen Seiten jeder dazugehörigen spirituellen Praxis.

Was sind die Elemente?

Zunächst einmal sollten wir herausfinden, von welchen Elementen wir hier sprechen. Wahrscheinlich ist Ihnen das Periodensystem der Elemente vertraut, das Sie im Chemieunterricht kennengelernt haben. Dieses System ist eine sich ständig erweiternde Tabelle aller chemischen Stoffe, die der Mensch bisher auf der Erde entdeckt hat. Wir werden uns jedoch nicht mit diesem System der Elemente befassen. Stattdessen werden wir uns auf alte Elementsysteme konzentrieren, die entwickelt wurden, bevor Technik wie Mikroskope eine bessere Unterteilung der Elemente ermöglichte. Ein solches Elementarsystem, und wahrscheinlich das berühmteste der alten Systeme, ist das griechische System der vier Elemente. Diese Elemente sind Erde, Feuer, Wasser und Luft. Sie spielen in der antiken griechischen Wissenschaft, Philosophie und Astrologie eine große Rolle. Systeme wie die Sternzeichen, die Tarotkarten und die Steinheilkunde sind alle darauf ausgerichtet, einem dieser vier Elemente zu entsprechen. Aus diesem Grund können Sie Aspekte von vielen dieser spirituellen Systeme in Vierergruppen einteilen, um Ihre heilenden Praktiken besser einzuordnen oder zu spezialisieren. Dies ist jedoch nicht wirklich das System, über das wir hier sprechen werden. Bei der Chakrenheilung gibt es eigentlich fünf Elemente. Die ersten vier sind Erde, Feuer, Wasser und Luft, ähnlich wie im griechischen System, aber das hinduistische Chakren-Element-System beinhaltet ein fünftes Element, das „Äther" oder „Raum" genannt wird. Dieses Element hat eine höhere Verbindung und lässt sich mittels anderer spirituellen Systeme nicht unbedingt in gleicher Weise abbilden, wohl aber durch die Chakren. Jedes Chakra steht in Beziehung zu einem dieser Elemente, mit Ausnahme der beiden obersten Chakren, die keine Verbindungen zu den Elementen haben. Im weiteren Verlauf dieses Kapitels werden wir uns die fünf Elemente der Chakren ansehen und sowohl ihre Bedeutung als auch ihre Verbindungen erläutern.

Erde

Ah, die Erde. Unser Zuhause, unsere Beschützerin. Sie ernährt uns, schützt uns, kleidet uns. Kein Wunder, dass die Menschen der Erde den Spitznamen „Mutter" geben. In gewisser Weise hat die Erde uns alle auf die Welt gebracht. Obwohl die meisten Elemente des Periodensystems in der Erde zu finden sind, ist sie in diesem System ein ganzes Element für sich. In den meisten spirituellen Systemen wird das Element Erde mit einer erdenden Kraft in Verbindung gebracht. Sie können bei der Erde entweder an die Dinge denken, die mit dem Boden verbunden sind, wie Pflanzen, Blumenerde oder Gestein, oder Sie können sich dieses Element als den Kern der Erde selbst vorstellen. Je nachdem, was für Sie leichter zu visualisieren ist. Die meisten Menschen fühlen eine starke Verbindung zur Erde, vor allem, wenn sie jemand sind, der starke Gefühle der Verbundenheit oder Zugehörigkeit empfindet. Daher wird die Erde in den meisten spirituellen Systemen in irgendeiner Weise mit Verwurzelung oder bodenständigen Qualitäten in Verbindung gebracht. Im Chakrensystem wird die Erde mit dem Wurzelchakra assoziiert, wie wir bereits in Kapitel 5 besprochen haben. Im Folgenden werden wir uns alle spirituellen Systeme ansehen, in denen das Element Erde vorkommt, und untersuchen, wie es Ihre Chakrenheilungsreise beeinflusst.

Die dazugehörigen Sternzeichen

Jungfrau, Stier und Steinbock sind die Sternzeichen, die mit der Erde verbunden sind. Alle diese Zeichen sind dafür bekannt, dass sie sehr praktisch und geradlinig sind. Mit Erdzeichen ist nicht zu spaßen, denn sie neigen dazu, Lügen zu durchschauen. Wenn Sie das Element Erde in Ihrem Sonnenzeichen oder Geburtsmonat haben, dann sind Sie wahrscheinlich ein sehr pragmatischer Mensch, der seine Lieben sehr beschützt und vielleicht sogar eine besondere Verbindung zu irdischen

Dingen im Allgemeinen verspürt. Wenn Sie unter einer Wurzelchakra-Blockade leiden, schauen Sie sich die Erdzeichen an, die in Ihrem Geburtshoroskop auftauchen könnten. Ihre Sonne, Ihr Mond oder einige Ihrer Planeten könnten in Erdzeichen stehen, was Ihnen helfen kann, einen Einblick in Ihre Verbindung zu Ihrem Wurzelchakra und diesem Element im Allgemeinen zu gewinnen. Vielleicht möchten Sie auch Ihre Chakrenheilpraktiken auf die Erdzeichen am Himmel abstimmen. Ziehen Sie in Erwägung, bis zu einem Erdzeichen-Geburtsmonat zu warten, um Ihre Chakrenheilungsreise zu beginnen. Wenn Sie diese Verbindung mit Ihren Chakren und Ihrem Geburtshoroskop sowie mit dem aktuellen Sternenhimmel herstellen, können Sie Ihre Chakrenheilungspraxis präzisieren und klären.

Die dazugehörigen Heilsteine

Viele Edelsteine, die in der Heilkunde verwendet werden, haben einen engen Bezug zur Erde. Das macht Sinn, denn die meisten Heilsteine werden aus dem Boden gewonnen und stammen daher aus der Erde. Drei der wichtigsten erdverbundenen Edelsteine sind Tigerauge, Rauchquarz und Amazonit. Das Tigerauge ist besonders nützlich, um Ihnen Energie und Selbstvertrauen zu schenken. Wenn Sie sich bezüglich Ihrer erdenden Energie unsicher fühlen, kann das Tigerauge Ihnen helfen, Ihr Selbstwertgefühl wiederherzustellen. Der Rauchquarz hingegen ist ein Schutzstein, sowohl gegen Krankheiten als auch gegen negative Energie im Allgemeinen. Dieser Heilstein ist ideal, wenn Sie eine tiefere Verbindung zur Erde aufbauen wollen. Der Amazonit schließlich wird stark mit materiellem Reichtum assoziiert. Es mag nicht so aussehen, als ob er mit der Erde in Verbindung steht, aber wie wir weiter unten im Abschnitt über das Tarot sehen werden, hängt Reichtum tatsächlich mit dem Erfolg der Ernte zusammen, der wiederum mit der Erde verbunden ist. Die Verwendung von Steinen, die mit dem Element Erde assoziiert werden, kann Ihnen wirklich dabei helfen, Ihr Wurzelchakra zu lösen oder zu öffnen. Wenn Sie eine Blockade im Wurzelchakra haben, sollten Sie einen dieser drei Edelsteine in Ihrer Meditationspraxis verwenden, um ihm etwas Aufmerksamkeit zu schenken.

Die dazugehörige Tarotfarbe

Das Tarot ist eine weitere beliebte spirituelle Praxis. Tarotkarten ähneln herkömmlichen Spielkarten insofern, als es vier Farben gibt, von denen jede eine Reihe von Zahlen- und Bildkarten hat. Die Farben heißen jedoch im Tarotdeck anders. Anstelle von Karo, Herz, Kreuz und Pik gibt es Pentakel, Kelche, Stäbe und Schwerter. Die Menschen nutzen diese Karten, um Einblicke in ihr Leben und ihre Zukunft zu erhalten. Die vier Farben werden auch mit bestimmten Elementen in Verbindung gebracht. Ein weiterer großer Unterschied zwischen Tarotkarten und anderen Kartendecks besteht darin, dass das Deck zweigeteilt ist: in die großen Arkana und die kleinen Arkana. Das kleine Arkanum besteht aus den Zahlen- und Hofkarten in den vier verschiedenen Farben – der Teil des Decks, der einem herkömmlichen Kartenspiel am meisten ähnelt – und umfasst insgesamt 56 Karten. Die großen Arkana sind eine Reihe von Einzelkarten, die keiner bestimmten Farbe angehören, sondern sich auf Archetypen oder Ideen beziehen. Einige Karten sind Ihnen vielleicht sogar schon in der Populärkultur begegnet, z. B. der Tod, der Einsiedler oder der Gehängte. Einige dieser Karten können mit den Elementen assoziiert werden, sodass wir diese in unsere Chakrendiskussion ebenso einbeziehen werden wie die Farbkarten.

Die Farbe, die im Tarotdeck am meisten mit der Erde assoziiert wird, ist das Pentakel. Die Pentakel sind Goldmünzen, die Geld und Wohlstand in der Welt symbolisieren. Wie bereits erwähnt, werden Geld und materieller Wohlstand seit Langem mit der Erde in Verbindung gebracht, und zwar schon seit der Zeit, als die Menschen begannen den

Ackerbau zu kultivieren. Das Geld der Menschen kam im wahrsten Sinne des Wortes aus der Erde, und so wurde diese Assoziation geboren. Aus diesem Grund finden sich in vielen Tarotdecks bei der Gestaltung des Pentakels naturbezogene Themen und Farben. Es gibt verschiedene Möglichkeiten, die Tarotpraxis in Ihre Chakrenheilung einzubeziehen. Sie können herausfinden, ob eine Wurzelchakra-Blockade vorliegt, indem Sie eine Lesung für sich selbst durchführen oder zu einem professionellen Hellseher gehen und darauf achten, ob viele Pentakel in Ihrer Lesung auftauchen, insbesondere, wenn die Karten umgekehrt gezogen werden, da dies auf eine Blockade hinweisen kann. Wenn Sie bereits das Gefühl haben, dass Sie eine Blockade erleben, können Sie eine isolierte Deutung versuchen. Manche Kartenleger isolieren Teile des Decks, z. B. eine einzelne Farbe, um ein bestimmtes Problem zu ermitteln. Sie könnten eine isolierte Deutung nur mit den Pentakeln versuchen, um eine genauere Vorstellung von Ihrer Beziehung zum Erdelement zu bekommen. Sie können auch darauf achten, ob irgendwelche erdverbundenen Karten aus dem großen Arkanum auftauchen. Einige der großen Arkana, die mit dem Erdelement verbunden sind, sind der Teufel, der Hierophant, die Herrscherin, der Eremit und die Welt. Mit diesen Methoden können Sie das Tarot nutzen, um Ihre Beziehung zur Erde zu analysieren und zu verbessern.

Wasser

Das nächste Element, über das wir sprechen werden, ist Wasser. Wasser ist das Element, das am engsten mit dem Fließen in Verbindung gebracht wird, wie die fließenden Strömungen des Ozeans oder der mäandernde Lauf eines Baches. Wir sind mit dem Element Wasser genauso verbunden wie mit dem Element Erde. Erstens besteht unser Körper zu etwa 70 % aus Wasser, was bedeutet, dass Wasser den größten Teil unseres Körpers ausmacht. Außerdem brauchen wir Wasser zum Trinken, um zu überleben, zum Essen kochen, zum Baden, um Dinge zu waschen, um uns vor Krankheiten zu schützen, und sogar, um durch die Welt zu navigieren. Wasser hat nicht nur einen enormen Einfluss auf das Leben einzelner Menschen, sondern auch auf ganze Zivilisationen. Die meisten großen Städte der Welt wurden an einer Küste oder einem Fluss gebaut, sodass jeder Einwohner über eine ausreichende Wasserquelle verfügte. Daher ist dieses Element für uns äußerst wichtig. Das Chakra, das am stärksten mit Wasser verbunden ist, ist das nächsthöhere Chakra nach dem Wurzelchakra – das Sakralchakra. Dieses Chakra ist durch seinen Fokus auf innere Emotionen und Sexualität mit dem Element Wasser verbunden. In diesem Abschnitt werden wir uns ansehen, wie Wasser in andere spirituelle Systeme passt und welche Auswirkungen es auf das Sakralchakra hat.

Die dazugehörigen Sternzeichen

So wie es im System der zwölf Sternzeichen drei Erdzeichen gibt, gibt es auch drei Wasserzeichen. Diese Wasserzeichen sind Fische, Krebs und Skorpion. Alle drei Zeichen sind dafür bekannt, sehr emotional zu sein. Fische sind auf eine sensible Art und Weise emotional, sie sind sehr unsicher und anfällig für Kritik. Krebse hingegen sind eher dadurch emotional, dass sie sich sehr auf Liebe und Familie konzentrieren und die Menschen, die sie lieben, beschützen. Skorpione schließlich sind emotional, aber auf eine sehr geheimnisvolle Weise. Sie lassen sich nicht in die Karten schauen und brauchen lange, um ihre Mitmenschen in Angelegenheiten einzuweihen. Wir können sehen, wie sich dies im Sakralchakra auswirkt, insbesondere bei einigen der extrem intimen Beziehungen, mit denen sich das Sakralchakra befasst. Dieses Chakra wird mit Emotionen von Empfindlichkeit und Verletzlichkeit in Verbindung gebracht, vor allem wenn diese mit Sexualität und dem innersten Selbst zu tun haben. Wie schon im obigen Abschnitt über die Erde darauf hingewiesen, können Sie die mit dem Element Wasser in

Verbindung stehenden Sternzeichen nutzen, um Ihre Heilungspraxis für das Sakralchakra zeitlich festzulegen, indem Sie das entsprechende Sternzeichen entweder in Ihrem Geburtshoroskop finden oder Ihre Heilungspraxis zu Zeiten durchführen, in denen dieses Zeichen in der Sonne oder im Mond steht.

Die dazugehörigen Heilsteine

Die meisten Heilsteine, die mit dem Element Wasser in Verbindung gebracht werden, sind darauf ausgerichtet, Ihnen inneren Frieden zu bringen und gesunde Beziehungen zu den Menschen in Ihrem Leben zu fördern. Drei der wichtigsten mit dem Element Wasser assoziierten Steine sind Aquamarin, Türkis und Amethyst. Aquamarin ist ein beruhigender Heilstein. Dieser Stein schafft ein Gefühl der Ruhe in Ihrem Leben und hilft so, Stress und Ängste abzubauen. Er ist auch hilfreich dabei, Ihre Energien zu bündeln. Der Türkis hingegen ist ein kraftvoller Reinigungsstein. Dieser Edelstein ist besonders nützlich, um negative Energie aus Ihrem Leben zu verbannen, was im Zusammenhang mit Beziehungen bedeuten könnte, dass Sie sich von einigen besonders toxischen Menschen trennen. Der Amethyst zu guter Letzt ist ein Heilstein, der besonders bei emotionalen Traumata hilfreich ist. Er kann dazu beitragen, die Wunden zu lindern, die Sie im Laufe Ihres Lebens erlitten haben, und Ihnen helfen, ein neues Leben aufzubauen. Wenn Sie unter einer Blockade in Ihrem Sakralchakra leiden, dann können Sie einen dieser drei Steine in Ihrer Heilpraxis verwenden, um es zu öffnen.

Die dazugehörige Tarotfarbe

Die Tarotfarbe, die mit Wasser assoziiert wird, sind die Kelche. Die Kelche sind so konzipiert, dass sie Wasser enthalten, und ob sie voll sind oder nicht, oder der Grad, zu dem sie voll sind, ist innerhalb des Decks oft von Bedeutung. Oft zeigen die Illustrationen für die Kelche

Wasser auch an anderen Stellen, nicht nur in den Kelchen. Einige der häufigsten Kartenmotive sind ein Wasserfall oder ein Fluss. Diese Motive symbolisieren Neuanfänge, aber auch eine Fülle von Liebe oder emotionaler Energie. Zu den Karten der großen Arkana, die mit Wasser in Verbindung gebracht werden, gehören der Mond, die Priesterin, der Wagen, der Gehängte und der Tod. Mit Ihrem Sakralchakra möchten Sie sich für die intimsten Teile dieser Energie öffnen können. Machen Sie eine Tarotlesung, entweder mit dem ganzen Deck oder nur mit den Kelchen, und schauen Sie, was dabei herauskommt. Wenn Sie viele umgekehrte oder negative Wasserkarten erhalten, wie die Fünf der Kelche, dann haben Sie möglicherweise ein unausgeglichenes Sakralchakra. Nutzen Sie die Lesungen, um einen Weg zur Öffnung dieses Chakras zu finden.

Feuer

Das dritte Element auf dieser Liste ist Feuer. Wie Sie sich wahrscheinlich denken können, wird Feuer oft stark mit Leidenschaft, Selbstvertrauen und Kühnheit assoziiert. Es kann auch mit Kreativität assoziiert werden, da es der zündende Funke ist, der den kreativen Geist erhellt. Und natürlich wird es auch mit Sexualität assoziiert, vor allem, wenn man vom „Feuer der Leidenschaft" oder einem „brennenden Verlangen" spricht. Dieses Element wird, vielleicht unerwarteterweise, mit dem Solarplexus-Chakra in Verbindung gebracht. Dieses Chakra steht in Verbindung mit dem Antriebsaspekt des Feuers, der einen großen Teil des Selbstwertgefühls ausmacht. Das Feuer ist auch mit einigen der physischen Eigenschaften des Solarplexus-Chakras verbunden, die manche als Ihr „Verdauungsfeuer" bezeichnen. In diesem Abschnitt werden wir uns ansehen, wie das Element Feuer mit Ihrem Solarplexus-Chakra und seinen Themen in anderen spirituellen Praktiken in Verbindung steht.

Die dazugehörigen Sternzeichen

Das Feuer ist für einige Sternzeichen sehr wichtig. Die Zeichen, die unter dem Einfluss des Feuers stehen, sind Löwe, Widder und Schütze. Löwe ist das Zeichen des Selbstvertrauens und des sozialen Einflusses. Im Grunde können Löwen gar nicht anders, als charmant zu sein. Dies bezieht sich auf den Aspekt der sozialen Verbindung des Solarplexus-Chakras. Der Widder ist das Zeichen des Wettbewerbs. Widder lieben es, mit anderen auf freundliche (oder weniger freundliche!) Weise zu wetteifern, was mit dem Wunsch nach guter Leistung zusammenhängt, der im Zentrum des Solarplexus-Chakras liegt. Und die Schützen sind für ihre Fähigkeit zur Mediation bekannt, was eine andere Perspektive auf die sozialen Persönlichkeiten von Löwe und Widder eröffnen kann. Wir sehen also, dass diese mit dem Feuer assoziierten Sternzeichen viel mit dem Solarplexus-Chakra gemeinsam haben und daher in Kombination mit Ihrem Chakren-Heilungsprozess genutzt werden können. Wenn Sie Ihre Solarplexus-Chakraheilung auf eines dieser drei Zeichen abstimmen, können Sie sich besser auf das Feuerelement ausrichten und eine gezieltere Heilungspraxis entwickeln.

Die dazugehörigen Heilsteine

Die Heilung mit Steinen kann Ihnen sehr dabei helfen, Ihr Solarplexus-Chakra auszugleichen, insbesondere durch Edelsteine, die eine starke Verbindung zum Feuer haben. Drei der besten Steine, die Sie auf Ihrer Reise zur Heilung des Solarplexus-Chakras verwenden können, sind Granat, roter Jaspis und Karneol. Der Granat ist einer der stärksten und kraftvollsten Heilsteine. Er wird stark mit Liebe und Beziehungen in Verbindung gebracht sowie mit dem Ausgleich des sexuellen Selbst. Er wird auch mit Beharrlichkeit und Vorwärtsdrang assoziiert, was mit dem Aspekt der sozialen Leistung des Solarplexus-Chakras in Einklang steht. Der rote Jaspis ist eher ein beruhigender, schützender Stein. Dieser Edelstein hat die Fähigkeit, intensive Emotionen auszugleichen und ein Gefühl der Ruhe in Ihr Leben zu bringen. Er ist auch ein großartiger Manifestationsstein, der Ihnen hilft, positive Energie in Ihr Leben zu bringen. Der Karneol zu guter Letzt ist einer der besten Erfolgssteine, der mit dem Selbstvertrauen und der Tatkraft in Resonanz steht, die Sie durch Ihr Solarplexus-Chakra zu manifestieren versuchen. Die Verwendung eines dieser drei Heilsteine in Ihrer Meditation oder Chakrenpraxis wird Ihnen helfen, sich besser mit dem Feuerelement und insbesondere mit Ihrem Solarplexus-Chakra zu verbinden.

Die dazugehörige Tarotfarbe

Die Farbe, die im Tarot am meisten mit Feuer assoziiert wird, sind die Stäbe. Das mag eine seltsame Assoziation sein, aber der Stab soll den Funken und die Kreativität darstellen, mit magischem Feuer, das aus seiner Spitze strömt. Normalerweise werden die Stäbe verwendet, um über Ihre Gefühle in Bezug auf Kreativität oder sogar berufliche Aktivitäten zu sprechen. Dies spiegelt sich in der Art und Weise wider, wie das Solarplexus-Chakra oft mit unseren sozialen Bestrebungen und unserem Selbstwertgefühl in Bezug darauf, wie wir von anderen wahrgenommen werden, verbunden ist. Einige der großen Arkana, die mit dem Element Feuer in Verbindung gebracht werden, sind die Sonne, der Turm, der Herrscher und das Rad des Schicksals. Wenn Sie mehr über Ihre Beziehung zu Ihrem Solarplexus-Chakra erfahren möchten, können Sie einige Tarotlesungen durchführen und sich dabei auf die Platzierung der Stäbe und der oben erwähnten großen Arkana konzentrieren.

Luft

Das letzte der griechischen Elemente ist die Luft. Luft ist natürlich das leichteste Element, da es hauptsächlich aus Gas besteht. Wie die anderen Elemente ist auch die Luft notwendig, um Leben zu erhalten. Sie ernährt uns nicht nur, indem sie uns Sauerstoff zum Atmen gibt und unseren Körper mit Energie versorgt, sondern sie erhält auch alle anderen Lebewesen wie Pflanzen und Tiere. Es ist also kein Zufall, dass das Chakra, das am meisten mit Luft in Verbindung gebracht wird, direkt neben unseren Lungen liegt: das Herzchakra. Physisch gesehen ist der Sauerstoff, den wir mit der Luft einatmen, einer der wichtigsten Aspekte für den Antrieb unseres Herzens als Organ, sodass das Element Luft buchstäblich mit diesem Teil unseres Körpers verbunden ist. Darüber hinaus ist die Luft auch metaphorisch mit unserem Herzchakra verbunden, denn sie steht für die Weite und das höhere Wissen der bedingungslosen Liebe. In diesem Abschnitt werden wir uns ansehen, wie sich das Element Luft mit Aspekten anderer spiritueller Systeme überschneidet und wie wir es nutzen können, um Ihnen auf Ihrer Chakrenreise zu helfen.

Die dazugehörigen Sternzeichen

Die drei Sternzeichen, die mit dem Element Luft in Verbindung gebracht werden, sind Zwillinge, Waage und Wassermann. Diese drei Zeichen sind alle stark mit der Formbarkeit einer Person assoziiert. Das mag wie etwas Schlechtes erscheinen, da wir dazu neigen, Menschen, die fest an ihren Überzeugungen festhalten, für stärker zu halten. Diese Formbarkeit kann jedoch auch eine Stärke sein, die es diesen Luftzeichen ermöglicht, Kompromisse einzugehen und offener zu sein, um denen, die sie lieben, zu helfen und neue Weltanschauungen anzunehmen. Wenn Sie Ihr Herzchakra heilen wollen, schauen Sie sich die Qualitäten der Luftzeichen an und verbinden Sie sich mit einem der Zeichen, die in Ihrem Geburtshoroskop oder im Horoskop des aktuellen Himmels stehen.

Die dazugehörigen Heilsteine

Obwohl es sich um Steine aus der Erde handelt, gibt es tatsächlich viele Heilsteine, die eine starke Verbindung zur Luft haben. Drei der besten Steine für die Heilung des Herzchakras, das mit der Luft verbunden ist, sind Fluorit, Bergkristall und Chalzedon. Fluorit ist ein großartiger Stein, wenn es darum geht, konzentriertes, rationales Denken zu fördern. Im Zusammenhang mit dem Herzchakra kann er Ihnen helfen, Klarheit in Ihre Beziehungen zu bringen und vielleicht zu beurteilen, welche Beziehungen wichtig sind. Bergkristall ist ebenfalls nützlich für Klarheit, aber er gilt auch als der Anführer der Heilsteine, sozusagen. Sie können diesen Stein zusammen mit anderen Steinen verwenden, um Leichtigkeit und Klarheit in Ihrer Chakrenheilungspraxis zu schaffen. Chalzedon ist ein beruhigender Stein, der Ihnen hilft, ein Gefühl des Friedens in Ihr Leben zu bringen. Alle diese Steine eignen sich hervorragend, um Ihre Verbindung zum Luftelement und zu Ihrem Herzchakra zu stärken.

Die dazugehörige Tarotfarbe

Die Tarotfarbe, die mit dem Element Luft assoziiert wird, ist die der Schwerter. Die Schwerter sind die Farbe der Erleuchtung und des scharfen, rationalen Denkens. Oft zeigen die Illustrationen auf den Karten der Schwerter Wolken, Vögel oder den Himmel auf sehr prominente Weise. Viele Tarotleser interpretieren diese Farbe so, dass sie sowohl mit Ihren akademischen Bestrebungen in Verbindung steht, wenn dies relevant ist, als auch mit Ihren höheren Gedanken oder spirituellen Bestrebungen. Dies ist die Farbe, in der Sie Klarheit des Geistes finden und in der Logik vorherrscht. Die großen Arkana, die mit dem Element Luft verbunden sind, sind der Narr, die Liebenden, der Magier und der Stern. Wenn Sie die Schwerter in Verbindung mit Ihrem Herzchakra verwenden, können Sie den Platz dieser logischen Ideen und höheren Realitäten in Ihren Beziehungen sowie im Kern Ihres Wesens bewerten.

Äther

Nachdem wir nun die vier griechischen Elemente kennen, können wir zu den drei zusätzlichen vedischen oder hinduistischen Elementen übergehen. Diese höheren Elemente unterscheiden sich von den vorangegangenen vier in dem Sinne, dass sie keine physische Realität haben. Sie spielen auch außerhalb der vedischen Philosophie keine große Rolle, weshalb es für sie auch keine entsprechenden Tarotkarten, Heilsteine oder Sternzeichen gibt. Von nun an werden wir einfach das Element so beschreiben, wie es sich auf das entsprechende Chakra bezieht und erläutern, was es für die Verbindung mit diesem Chakra oder dessen Öffnung bedeutet.

Das erste der drei höheren Elemente, mit denen wir uns befassen werden, ist der Äther oder leere Raum. Dies bezeichnet im Wesentlichen die Abwesenheit von physischer Materie. Es ist das, was man erhalten würde, wenn man die gesamte Luft aus dem Raum um uns herum absaugen würde. Dieses Element ist in der vedischen Philosophie sehr wichtig, da es als das erste Element gilt, das jemals geschaffen wurde. Es ist der leere Raum, in den sich das Universum ausdehnte, und bildet somit die Grundlage für alles Leben. Dieses Element existiert jedoch nicht nur in leeren Räumen, sondern tatsächlich überall um uns herum; es ist also die verbindende Kraft zwischen allen Dingen im Universum. Das Chakra, das die Verbindung zum Ätherelement herstellt, ist das Hals-Chakra. Dieses Chakra verbindet sich mit dem Äther durch das Thema der Authentizität. Aufgrund der extremen Klarheit der Leere gibt es keinen Raum für Täuschungen. Das Channeln dieses Elements kann Ihnen helfen, wenn Sie Blockaden in Ihrem Hals-Chakra haben, und Ihnen den Weg zu einem ehrlicheren und authentischeren Leben ebnen.

Licht

Die Quantenphysik hat sich in letzter Zeit intensiv mit dem Verhalten von Licht im physikalischen Raum befasst. Das Licht bewegt sich durch Dinge, die Photonen genannt werden, aber die Physiker sind sich immer noch nicht einig, ob Photonen Teilchen oder Wellen sind. Diese Zweideutigkeit macht Photonen so interessant. Photonen sind außerdem extrem schnell. In der Tat ist die Lichtgeschwindigkeit die höchste im Universum gemessene Geschwindigkeit. Das Element Licht ist daher perfekt für die Assoziation mit dem Stirnchakra geeignet. Beim Stirnchakra dreht sich alles um Erleuchtung, um die Erweiterung der Grenzen der alltäglichen Wahrnehmung. Licht ist das Element, das die Sicht ermöglicht. Alles, was wir sehen, besteht eigentlich nur aus verschiedenen Farben und Schattierungen von Licht, und somit funktionieren unsere Augen lediglich als Lichtrezeptoren. Das metaphorische Licht oder die Erleuchtung stellt ebenfalls eine Verbindung zwischen dem Stirnchakra und dem Element Licht her. Erwägen Sie, sich mit verschiedenen Lichtquellen in Ihrem Leben zu verbinden, um Ihr Stirnchakra zu lösen. Prüfen Sie, wie viel natürliches und wie viel künstliches Licht Sie in Ihrem Alltag umgibt, und versuchen Sie vielleicht, mehr natürliches Licht zu nutzen. Sie könnten sogar versuchen, Ihre Lichtquellen zu verändern, indem Sie eine neue Lichtquelle einführen. Versuchen Sie, bei Mondlicht zu meditieren, um Ihren Körper und die Beziehung Ihres Stirnchakras zum Licht wieder in Einklang zu bringen.

Gedanke

Das letzte und immateriellste Element auf dieser Liste ist der Gedanke. Obwohl Wissenschaftler hauptsächlich von Gedanken als einer Reihe von neurologischen Verbindungen sprechen, kategorisiert fast jede spirituelle Philosophie den menschlichen Geist oder die Seele als vom physischen Körper getrennt. Daher meint der Gedanke in diesem Zusammenhang einen immateriellen Gedanken – nicht das Funktionieren von Neuronen. Dieses Element kann von niemandem außer dem Denker gemessen, gesehen oder auch nur wahrgenommen werden, und deshalb ist es letztlich eng mit dem Kronenchakra verbunden, bei dem es um die höchsten Realitäten unseres Geistes und unsere Verbindung zum Universum geht. Deshalb ist Achtsamkeit ein so wichtiger Aspekt der Erleuchtung und der spirituellen Heilung. Sie ermöglicht es uns, uns wirklich zu konzentrieren und mit unseren Gedanken eins zu werden, indem wir ihnen erlauben, an uns vorbeizuziehen und wahrgenommen zu werden, ohne dass sie zu einer Quelle von Stress werden. Wenn Sie lernen wollen, Ihr Kronenchakra ins Gleichgewicht zu bringen, müssen Sie Ihren Gedanken und der Art und Weise, wie sie mit der Außenwelt und dem Universum im Allgemeinen in Verbindung stehen, große Aufmerksamkeit schenken.

Säule 4:
Aktivierung

Jetzt, da Sie alles über die Chakren, ihre Geschichte, ihre individuellen Bedeutungen und die Verbindungen, die sie zu Ihrem physischen Körper und anderen spirituellen Systemen aufweisen, verstanden haben, sind Sie bereit, sich mit dem eigentlichen Prozess der Nutzung von Chakren zur Heilung zu beschäftigen. Dies ist der Punkt in diesem Buch, an dem wir uns in Bezug auf die Chakren von der Theorie wegbewegen und uns einem eher praktischen Ansatz zuwenden. In dieser Säule werden wir über all die verschiedenen Möglichkeiten sprechen, wie Sie Ihre Chakren aktivieren können. Im ersten Kapitel der Säule werden wir über die Vorteile der Öffnung und Aktivierung Ihrer Chakren sprechen. In diesem Abschnitt werden die Gründe dafür aufgeführt, warum Sie sich um Ihre Chakren kümmern sollten, alle versteckten Probleme, die entstehen können, wenn die Chakren blockiert sind, und es wird untersucht, was die Öffnung der Chakren für Ihr Leben bedeuten kann. Im zweiten Kapitel dieser Säule werden wir konkret darüber sprechen, wie Sie Ihre Chakren aktivieren können, und Ihnen helfen, Ihre Reise der Chakrenheilung zu beginnen. In diesem Abschnitt werden wir auf überzeugende Weise darlegen, warum und wie Sie damit beginnen können, Ihre Chakren zu aktivieren, um ein erfüllteres Leben zu führen.

Kapitel 10:
Warum sollten Sie Ihre Chakren öffnen?

Während der Lektüre dieses Buches haben Sie sich wahrscheinlich gefragt, aus welchen Gründen Sie Ihre Chakren ausgleichen sollten. Schließlich haben Sie Ihr ganzes Leben lang nichts von ihnen gewusst, was ist also so schlimm an unausgeglichenen Chakren? Nun, wie Sie vielleicht in den letzten Kapiteln festgestellt haben, gibt es tatsächlich eine Menge zwingender Gründe, aus denen Sie versuchen sollten, Ihre Chakren zu aktivieren oder zu öffnen. Ihre Chakren sind die Tore zu Ihrem Körper und Ihrem Geist, nützliche Hilfsmittel, um viele der Schwierigkeiten zu verstehen und zu beheben, mit denen Sie in Ihrem Leben konfrontiert sein könnten. In diesem Kapitel werden wir einige der überzeugendsten Möglichkeiten dazu aufzeigen, wie Chakren helfen können, Ihr Leben zu verbessern. Zunächst werden wir erörtern, wie Chakren Ihnen dabei helfen können, Probleme in Ihrem Leben zu erkennen, die Sie bisher vielleicht nur mit Mühe erkannt und artikuliert haben. Als Nächstes werden wir uns ansehen, auf welche Weise Chakren Ihre Beziehung zu sich selbst und Ihr Selbstbewusstsein erheblich verbessern können. Danach werden wir darüber sprechen, wie Sie Ihr allgemeines spirituelles Leben durch die Einbeziehung der Chakrenpraxis verbessern können. Und zu guter Letzt werden wir erörtern, wodurch Chakren eine starke Verbindung zwischen Geist und Körper herstellen, die Ihnen helfen wird, diese Kräfte zu vereinen. Am Ende dieses Kapitels werden Sie bereit sein, mit der Aktivierung Ihrer Chakren zu beginnen!

Gehen Sie Probleme in Ihrem Leben an

Viele Menschen haben Probleme in ihrem Leben, die sie nicht wirklich erklären oder benennen können. Dabei kann es sich um ein mysteriöses körperliches Problem handeln, für das es keine eindeutige Ursache gibt, wie Migräne oder chronische Müdigkeit, oder um ein psychisches Problem wie Depression oder Angstzustände. Bei diesen unklaren Zuständen durchlaufen viele Menschen das medizinische System, ohne von den Ärzten eine endgültige Antwort auf ihren Zustand zu erhalten; daher sind viele Menschen am Ende sehr frustriert über ihren Zustand und beginnen, anderswo nach Antworten zu suchen. Bei der Chakrenheilung wird der Körper in seinen Einzelteilen betrachtet, um herauszufinden, wo im Körper die Beschwerden ihren Ursprung haben könnten. Wenn Sie zum Beispiel unter ständigen Kopfschmerzen leiden, könnte das mit einem Ungleichgewicht in Ihrem Stirnchakra zusammenhängen; wenn Sie große Angst haben, in der Öffentlichkeit zu sprechen oder neue Leute zu treffen, könnte die Ursache dafür in einer Blockade Ihres Hals-Chakras liegen. Die Fähigkeit, die genauen Ursachen oder den Ort Ihres Problems zu bestimmen, kann sich für Menschen, die an unklaren oder nicht identifizierten Krankheiten leiden, traumhaft anfühlen. Die Chakrenheilung kann Menschen genau dies ermöglichen, denn sie schafft ein klares System der Unterteilung in ihrem Körper und hilft, spezifischere Probleme zu erkennen und miteinander zu verbinden.

Lernen Sie etwas über sich selbst

Durch die Verbindung mit Ihren Chakren können Sie auch viel über sich selbst lernen. Wenn Sie bestimmte Persönlichkeitsmerkmale haben, die mit einem bestimmten Chakra verbunden sind, dann können Sie vielleicht herausfinden, warum dieses Chakra so wichtig ist. Achten Sie darauf, ob andere Qualitäten dieses Chakras mit Ihnen in Resonanz stehen, damit Sie erkennen können, welchen Einfluss das Chakra auf Sie und Ihr Leben gehabt haben könnte. Bei der Untersuchung von Aspekten der Chakren haben Sie vielleicht auch festgestellt, dass es bestimmte Chakren gibt, mit denen Sie mehr verbunden sind als mit anderen, und dass es möglicherweise Dinge gibt, die bestimmte Ängste ausgelöst haben. In diesem Fall werden Sie erkennen können, welche Bereiche Ihres Lebens mehr Arbeit und Aufmerksamkeit benötigen. Die Chakren helfen Ihnen dabei, weil sie verschiedene Aspekte des Lebens unterscheiden und vielleicht Bereiche aufzeigen, an die Sie nicht gedacht haben. Um diesen Aspekt der Chakrenheilung zu unterstützen, sollten Sie jedes Chakra einzeln durchgehen und Ihre Beziehung zu diesem Lebensbereich sowie alle körperlichen Symptome, die Sie im Zusammenhang mit dem jeweiligen Chakra bemerken, genau untersuchen.

Verstärken Sie andere spirituelle Praktiken

Wie wir bereits in Kapitel 9 erwähnt haben, gibt es viele andere spirituelle Praktiken, die sich durch die Elemente mit den Chakren verbinden. Die Verbindungen gehen jedoch weit über die bloße Assoziation mit ähnlichen Elementen hinaus. Fast jede andere spirituelle Praxis, die es gibt, kann durch die Verschmelzung der Chakren verbessert werden. Dinge wie Achtsamkeit, Meditation, Tarotlesungen und astrologische Praktiken können alle von einer gründlichen Kenntnis der Chakren profitieren. Achtsamkeit kann die Chakren unterstützen, indem Sie sich bei Ihrer meditativen Praxis auf bestimmte Bereiche des Körpers konzentrieren. Auch die Meditation profitiert von einer gezielteren Herangehensweise und vor allem von einem Bewusstsein für die höheren Chakren, die uns mit dem Universum als Ganzem verbinden sollen. Ein ausgeprägtes Bewusstsein und Offenheit gegenüber den oberen Chakren werden Ihre meditative Erfahrung erheblich verbessern und Ihnen helfen, dadurch zu einer höheren spirituellen Erleuchtung zu gelangen. Tarotkarten und Astrologie können ebenfalls besser verstanden werden, wenn Ihre Chakren aktiviert sind. Dies hilft Ihnen, zu erkennen, auf welche Weise verschiedene Aspekte Ihres Geburtshoroskops mit Ihren Chakren zusammenhängen oder wie Tarotinterpretationen mit ihnen interagieren, was Ihnen wiederum hilft, bessere Entscheidungen für die Zukunft zu treffen. Auch in der Heilsteinkunde können Sie von aktivierten Chakren profitieren. Je wacher Ihre Chakren sind, desto empfänglicher ist Ihr Körper für die Heilsteinenergie und desto effektiver wird Ihre Steinheilungspraxis sein. Für welche Kombination von Praktiken auch immer Sie sich entscheiden, Sie werden sicherlich von aktivierten Chakren profitieren.

Stärken Sie die Verbindung zwischen Geist und Körper

Letztlich geht es bei den Chakren um den inneren Zusammenhang zwischen dem Körper und dem Geist. Ihr Verständnis und Ihre Vorstellung von Ihrem Körper werden sich grundlegend ändern, wenn Sie die Chakrenheilung in Ihre Praxis integrieren. Die meisten Menschen leben in der Vorstellung einer harten Trennung zwischen Geist und Körper. Wir betrachten unseren Körper einfach als eine Maschine, die die niederen Funktionen ausführt, und unser Gehirn als das Ding, das einen tiefgreifenden Einfluss auf unser Leben hat, wo all die wichtigen Dinge passieren. Aber durch die Chakrenheilung können Sie wirklich erkennen, dass sowohl physische als auch psychische Prozesse im

Gehirn und im Körper gespeichert sind. Sie können dann eine stärkere Verbindung zwischen diesen beiden Aspekten entwickeln. Die Aktivierung Ihrer Chakren wird Ihnen helfen, einen wechselseitigen Heilungsprozess zu schaffen, bei dem Sie Ihren Geist durch Ihren Körper und Ihren Körper durch Ihren Geist heilen können. Vielleicht wird eine gesündere Ernährung, die auf Ihren physischen Magen abzielt, tatsächlich Ihre sozialen Ängste lindern. Umgekehrt könnte die Arbeit mit einem Therapeuten an Ihren sozialen Ängsten dazu beitragen, Ihre chronischen Magenschmerzen zu heilen. Die Chakrenheilung gibt Ihnen die Mittel an die Hand, um diese Verbindungen herzustellen, und ermöglicht es Ihnen, auf eine ganzheitlichere Heilungspraxis hinzuarbeiten. Indem Sie Ihre spezifischen Chakren aktivieren, erwecken Sie diese Verbindung, was bedeutet, dass Ihre alte Dichotomie zwischen der intellektuellen Arbeit Ihres Geistes und den grundlegenden Funktionen des Körpers aufgelöst wird. Sie können sich über eine starke Verbindung und über mehr Möglichkeiten zur Entwicklung freuen!

Kapitel 11:
Wie Sie Ihre Chakren erwecken

Okay, Sie sind überzeugt – die Aktivierung Ihrer Chakren ist wichtig! Aber wie genau geht das? Was sind die Prozesse, mit denen Sie beginnen können, Ihre Chakren tatsächlich zu erwecken? Wahrscheinlich ist das der Moment, auf den Sie bei der Lektüre dieses Buches gewartet haben. Obwohl wir bereits einige Methoden zur Öffnung der Chakren besprochen haben, wie die Verwendung von Heilsteinen oder Astrologie, haben wir den eigentlichen Prozess der Chakrenöffnung selbst noch nicht besprochen. Nun, in diesem Kapitel werden wir genau erörtern, wie Sie Ihre Chakren aktivieren können. Zunächst werden wir untersuchen, was eigentlich passiert, wenn Ihre Chakren aktiviert werden, um Ihnen zu helfen, den Unterschied zwischen einem aktivierten und einem nicht aktivierten Chakra zu erkennen. Dann werden wir uns ein schrittweises Vorgehen zur Öffnung Ihrer Chakren ansehen. Wir werden Sie durch die einzelnen Stufen führen, beginnend mit dem Wurzelchakra und endend mit dem Kronenchakra. Wir werden zwar nicht auf die anderen Chakren eingehen, die wir bereits in diesem Buch erwähnt haben, aber viele der Ideen, über die wir sprechen, werden Ihnen dennoch helfen, falls Sie zur Aktivierung dieser anderen Chakren übergehen wollen. Am Ende dieses Kapitels sollten Sie in der Lage sein, einige der Techniken zur Öffnung Ihrer Chakren anzuwenden!

Was passiert, wenn die Chakren aktiviert werden?

Zunächst einmal: Wie fühlt sich ein geöffnetes Chakra an? Da die Chakren es Ihnen ermöglichen, einen bestimmten Aspekt Ihres Körpers und Ihres Lebens zu betrachten, werden Sie eine bessere Vorstellung davon erlangen, wie sie sich anfühlen, weil Sie sich genau auf diesen einen Bereich konzentrieren können. Bezüglich des Gefühls, dass ein Chakra entweder geöffnet oder geschlossen ist, gibt es zwei Aspekte zu berücksichtigen: den Körper und den Geist. Im Körper werden Sie wahrscheinlich weniger Spannungen in diesem Bereich spüren, wenn das Chakra geöffnet ist. Wenn Sie Ihr Hals-Chakra ausgleichen, können Sie zum Beispiel Ihre Nackenverspannungen lindern, und wenn Sie Ihr Wurzelchakra ausgleichen, können Sie Ihre Verstopfung loswerden. Vielleicht fühlen Sie auch eine stärkere Verbindung zu diesem Körperteil und schämen sich nicht mehr dafür. Der zweite Aspekt ist der Geist, der mit dem Lebensbereich in Verbindung steht, dem das jeweilige Chakra zugeordnet ist. Wenn es Ihnen gelingt, Ihr Chakra in diesem Bereich zu lösen, sollte sich dieser Bereich Ihres Lebens verbessern. Vielleicht bemerken Sie einen aktiveren Appetit auf gesündere Lebensmittel, wenn Sie Ihr Solarplexus-Chakra ausgleichen, oder eine größere Fähigkeit zur Fürsorge, wenn Sie Ihr Herzchakra ausgleichen. Wenn Sie sicherstellen, dass Sie genau wissen, wie Sie diese Bereiche Ihres Lebens ausgleichen können, wird Ihnen das zu Wachstum und Veränderung verhelfen. Wenn Sie alle Ihre Chakren erfolgreich geöffnet haben, können Sie den Energiefluss zwischen Ihrem Wurzel- und Ihrem Kronenchakra erleichtern. Das schafft ein Gefühl von Leichtigkeit und hilft Ihren Chakren, zusammenzuarbeiten, um zu einem ganzheitlicheren Ansatz für Gesundheit und Glück zu gelangen.

Wo sollte man anfangen?

All diese Ratschläge mögen überwältigend erscheinen, vor allem, wenn Sie sich nicht sicher sind, welche Chakren Sie ausgleichen müssen. Wahrscheinlich haben Sie bereits darüber nachgedacht, aber selbst dann ist es schwer, sich sicher zu sein, denn es gibt bei Symptomen einige Überschneidungen, insbesondere bei psychischen Symptomen. So können sich zum Beispiel Probleme mit dem Selbstwertgefühl durch das Wurzel-, durch das Sakral- oder sogar durch das Solarplexus-Chakra manifestieren. Daher kann es sein, dass Sie, selbst wenn Sie einen guten Einblick in Ihre individuellen Probleme haben, immer noch nicht genau wissen, welche Chakren aktiviert werden müssen. In diesem Fall haben Sie zwei Möglichkeiten. Sie können entweder ein oder mehrere Chakren auswählen, an denen Sie arbeiten möchten, und nur diese aktivieren. Dies ist für diejenigen ratsam, die bereits eine gute Vorstellung davon haben, wie ihre Chakrenbedürfnisse aussehen, nachdem sie es auf ein oder zwei einzelne Chakren als Ursache für ihre Probleme eingrenzen konnten. Alternativ können Sie auch eine Ganzkörper-Chakrenheilung durchführen. Dabei beginnen Sie mit Ihrem Wurzelchakra und konzentrieren sich nacheinander auf jedes Chakra, bis Sie Ihr Kronenchakra erreichen. Das ist ratsam, wenn Sie sich nicht sicher sind, wo die Ursachen für Ihre Chakrenprobleme liegen, oder wenn Sie einen ganzheitlicheren Heilungsprozess wünschen. Es ist auch ratsam, dass Sie dies in regelmäßigen Abständen tun. Denn nur weil Sie kein Problem mit einem bestimmten Chakra haben, heißt das nicht, dass es nicht etwas Aufmerksamkeit gebrauchen könnte. Deshalb sollten Sie eine Ganzkörper-Chakrenheilung durchführen, wenn Sie die Quelle Ihrer Chakrenprobleme noch nicht identifiziert haben, und dies auch regelmäßig tun, um die Gesundheit all Ihrer Chakren zu fördern und die Verbindungen zwischen ihnen zu unterstützen. Im nächsten Abschnitt gehen wir Chakra für Chakra durch und zeigen

Ihnen, wie Sie die einzelnen Bereiche am besten ausgleichen können, um eine bessere Lebensqualität zu erreichen.

Chakra für Chakra

Da jedes Ihrer Chakren für einen anderen Bereich Ihres Körpers und Ihres Lebens zuständig ist, müssen sie alle auf eine etwas unterschiedliche Weise angegangen werden. In diesem Abschnitt werden wir uns die verschiedenen Methoden ansehen, die Sie anwenden können, um Ihre Chakren zu heilen und sicherzustellen, dass sie richtig gepflegt werden. Bei all diesen Methoden geht es nur um Ihren Körper und Ihren Geist, es sind also keine zusätzlichen Materialien erforderlich! Wenn Sie jedoch einige Hilfsmittel verwenden möchten, können diese Ihren Chakren-Heilungsprozess sicherlich unterstützen. Es gibt zwei Hauptarten von Hilfsmitteln, die Menschen für ihre Sitzungen zur Chakrenheilung verwenden. Die erste Art sind Hilfsmittel aus der Umgebung. Damit sind einfach Dinge gemeint, die Sie in Ihrem Zimmer tun können, um sich in eine entspannte, kontemplative oder meditative Stimmung zu versetzen. Das kann alles sein, was Ihnen hilft, sich zu entspannen, z. B. Kerzen, sanftes Licht oder atmosphärische Instrumentalmusik. Diese Dinge sind nicht unbedingt notwendig, können den Prozess aber auf jeden Fall besser machen als der Versuch, Chakra-Erweckungen in einem überfüllten oder hell erleuchteten Raum durchzuführen! Im Grunde geht es bei dieser Art von Hilfsmitteln darum, Ihre Komfortzone zu finden, damit Ihnen die schwierige Arbeit der Aktivierung Ihrer Chakren ohne Ablenkungen oder zusätzlichen Stress gelingen kann. Die andere Art von Hilfe sind spirituelle Hilfen wie die, über die wir in Kapitel 9 gesprochen haben. Wenn Sie eine andere spirituelle Praxis verfolgen, wie die Steinheilkunde, kann die Einbeziehung dieser Praxis in Ihre Chakrenheilung Ihre Verbindung zu Ihren Chakren tatsächlich maßgeblich beeinflussen. Da Sie zum Beispiel bereits eine starke Verbindung zu Ihren Steinen haben, können Sie durch die Kombination der Praktiken eine noch stärkere Verbindung zu Ihren Chakren entwickeln. Auch dieser Aspekt ist nicht notwendig, aber er kann die Erfahrung bereichern, wenn Ihnen das wichtig ist. In diesem Abschnitt werden wir Ihnen jedoch nur Techniken ohne Hilfsmittel vorstellen, denen Sie diese Hilfsmittel hinzufügen können, wenn Sie möchten. Wir werden vom Wurzelchakra bis zum Scheitel gehen, um Ihnen dabei zu helfen, sich den Prozess als eine zusammenhängende Sequenz vorzustellen.

Wurzelchakra

Um das Wurzelchakra zu aktivieren, können Sie eine einfache Meditation durchführen. Es handelt sich dabei nicht um irgendeine Meditation, sondern um die Art von prototypischer Meditation, die man oft in der Werbung für Yogakurse sieht. Bei dieser Haltung sitzt man im Schneidersitz auf dem Boden und legt die Hände auf die Knie, sodass die Handflächen nach oben zeigen, wobei Daumen und Zeigefinger in Richtung Himmel zeigen. Diese Handhaltung wird als „Mudra" bezeichnet und ist in der hinduistischen Philosophie sehr wichtig. Im Schneidersitz auf dem Boden zu sitzen, ist für den Zugang zu Ihrem Wurzelchakra unerlässlich, da diese Position eine Verbindung zwischen Ihrem Körper, insbesondere dem Wurzelchakra, und der Erde herstellt. Einige Variationen können darin bestehen, den Schneidersitz mit dem nicht dominanten Bein obenauf auszuführen, um eine bessere Körperwahrnehmung zu erreichen, oder im Lotussitz bzw. mit überkreuzten Beinen zu sitzen, um etwas Dehnung in den Prozess zu integrieren. Die besten Ergebnisse erzielen Sie im Freien, wo Sie mit der Erde in Kontakt kommen. Wenn das aber nicht möglich ist, wählen Sie den Boden im niedrigsten Stockwerk, zu dem Sie in Ihrer Wohnung Zugang haben, damit Sie der Erde so nahe wie möglich sind. Ein weiterer Aspekt dieser Haltung ist das Chanten. Sie sollten einen Chant in Ihren Wurzelchakra-

Heilungsprozess einbauen. Ideal ist „Lam", das Sie immer wieder singen können. Versuchen Sie, sich wirklich im Gesang zu verlieren und die Schwingungen Ihrer Stimme in Ihrem Wurzelchakra zu spüren. Wenn Sie diese Übung regelmäßig durchführen, können Sie eine stärkere Verbindung zu Ihrem Wurzelchakra aufbauen und hoffentlich daran arbeiten, seine Kräfte auf bestmögliche Weise zu aktivieren.

Sakralchakra

Dieses Chakra, das sich etwas oberhalb Ihres Wurzelchakras befindet, sollte mit einer etwas anderen Haltung aktiviert werden. Bei dieser Haltung sitzen Sie mit dem Gesäß auf den Fersen. Legen Sie Ihre Hände mit den Handflächen nach oben auf Ihre Knie. Dies ist eine weitere Mudra, die mit dem Sakralchakra verbunden ist. Versuchen Sie, Ihren Geist auf den Bereich Ihres Sakralchakras zu konzentrieren und auf alle Anliegen, von denen Sie wissen, dass sie direkt mit der Gesundheit Ihres Sakralchakras zusammenhängen. Der Chant, der mit der Sakralchakra-Position einhergeht, ist „Vam". Sie sollten ihn während dieser Haltung singen. Genau wie bei der Übung für das Wurzelchakra sollte dies dazu beitragen, Ihr Sakralchakra zu stimulieren und hoffentlich eine stärkere Verbindung zwischen Ihrem Geist, Ihrem Körper und der spirituellen Energie dieses Chakras herzustellen.

Solarplexus-Chakra

Um Ihr Solarplexus-Chakra zu aktivieren, sollten Sie die gleiche Haltung einnehmen wie bei der Aktivierung Ihres Sakralchakras – auf den Fersen sitzend. Diesmal ist jedoch die Position der Hände anders. Statt auf den Knien sollten Sie sich Ihre Hände auf den Bauch legen, sodass sie Ihr Solarplexus-Chakra direkt berühren. Sie sollten auch den spezifischen Chant, der mit dem Solarplexus-Chakra einhergeht, mit einbeziehen, nämlich „Ram". Versuchen Sie wiederum, sich in diesem Gesang zu verlieren und seine Schwingungen in Ihrem Solarplexus-

Chakra zu spüren. Wenn Sie diese Bereiche Ihres Körpers miteinander verbinden, sollte das den Energiefluss in das Solarplexus-Chakra anregen und einige der Blockaden, die dort entstanden sein könnten, lösen.

Herzchakra

Die nächste Position auf dieser Liste beinhaltet das Sitzen auf einem Stuhl. Da dieses Chakra höher am Körper liegt, sollten Sie sich physisch vom Boden erheben, um die höhere Energie dieses Chakras zu symbolisieren. Da sich das Chakra aber noch in der Mitte des Körpers und nicht ganz oben befindet, steht man nicht ganz, sondern halb als Kompromiss. Dieser Aspekt der Herzchakra-Haltung stellt sicher, dass Sie die vermittelnde Energie des Herzchakras kanalisieren werden. Neben dem Sitzen auf einem Stuhl gibt es auch eine Mudra, die mit diesem Chakra verbunden ist. Dafür benötigen Sie beide Hände: Legen Sie einfach Ihre Daumen und Zeigefinger zusammen und formen Sie eine Art Raute vor Ihrer Brust. Nehmen Sie diese Mudra an, während Sie sitzen, um die Energie des Herzchakras zu kanalisieren. Sie sollten auch Ihren Chant miteinbeziehen. In diesem Fall ist der Chant das Wort „Yam". Bleiben Sie in dieser Haltung und versuchen Sie, die Energie zu spüren, die durch Ihr Herzchakra fließt.

Hals-Chakra

Um Ihr Hals-Chakra zu aktivieren, kehren Sie in dieselbe Position zurück, in der Sie sich für das Sakral- und das Solarplexus-Chakra befunden haben. Diesmal gibt es jedoch keine entsprechende Mudra. Konzentrieren Sie sich stattdessen auf die Streckung Ihres Körpers, insbesondere Ihres Nackens. Richten Sie Ihren Rücken auf und schauen Sie leicht nach oben und nach vorn. Das hilft, den physischen Raum Ihres Nackens zu öffnen, und schafft Platz für den Fluss der spirituellen Energie. Sie sollten auch Ihre Augen schließen, um Ihre Konzentration in dieser Haltung zu erleichtern. Der Chant, der mit dem Hals-Chakra assoziiert wird, ist „Ham". Sie sollten versuchen, ihn besonders deutlich in Ihrem Kehlkopf zu spüren. Schließlich geht es bei diesem Chakra vor allem um die Sprache, sodass der Chant besonders wichtig ist. Versuchen Sie, zu spüren, wie all die negative verbale Energie ausströmt und Platz für eine positivere Kommunikation macht.

Stirnchakra

Die Pose, die Sie für Ihr Stirnchakra einnehmen sollten, ist eine Mischung aus den Positionen für das Wurzel- und für das Hals-Chakra. Sie sollten sich im Schneidersitz hinsetzen, mit gestrecktem Rücken und geschlossenen Augen. Dieses Mal ist das Schließen der Augen spirituell besonders damit verbunden, anderen Formen des Wissens den Weg in Ihren Kopf zu ebnen und sich darin zu üben, mit Ihrem Geist zu sehen und nicht nur mit Ihren körperlichen Sinnen. Der Chant für das Stirnchakra ist einfach „Om", ein Chant, den Sie wahrscheinlich schon im Zusammenhang mit der herkömmlichen Meditation gehört haben. Die Aktivierung des Stirnchakras kann mittels dieser Haltung erreicht werden.

Kronenchakra

Für das Kronenchakra schließlich nehmen Sie eine ähnliche Haltung ein wie die vorige, aber diesmal sitzen Sie im Schneidersitz auf einem Stuhl. Dadurch erhalten Sie die gleiche erhabene Qualität wie bei der Position für das Herzchakra, aber diese Pose bezieht zugleich die Haltungen der anderen Chakren mit ein, was die Einheit innerhalb des Chakrensystems symbolisiert. Der abschließende Chant für das Kronenchakra ist derselbe wie für das Stirnchakra, „Om", wiederum in Anlehnung an die vorherigen Chakren, um das Kronenchakra als über allen anderen Chakren stehend zu symbolisieren. Wenn Sie einige oder alle dieser Posen anwenden, können Sie Ihre Chakren auf wunderbare Weise aktivieren und eine dynamischere Beziehung mit ihrer Kraft etablieren.

Säule 5:
Gleichgewicht

Neben der Aktivierung Ihrer Chakren gibt es noch andere Aspekte, die berücksichtigt werden müssen. Wie wir in diesem Buch immer wieder betont haben, sollen Ihre Chakren als System zusammenarbeiten. Einzeln haben sie einzigartige Qualitäten, aber sie existieren nicht isoliert voneinander. Der Energiefluss, über den wir gesprochen haben, bedeutet, dass alle Ihre Chakren aktiviert und geöffnet werden müssen, damit sie ihr volles Potenzial entfalten können. Es ist aber auch notwendig, dass Ihre Chakren miteinander im Gleichgewicht sind, dass sie gemeinsame Schwingungen haben. Sie können sich das wie ein Home-Entertainment-System vorstellen. Selbst wenn Sie die besten Geräte haben – Lautsprecher, Bildschirm, Blu-Ray-Player usw. – müssen sie alle mit demselben WLAN verbunden und aneinandergekoppelt sein, um ein zusammenhängendes System zu schaffen. So ist es auch mit den Chakren. Sie müssen nicht nur alle aktiviert werden, sondern auch alle miteinander in Einklang stehen, damit die gesamte Einheit so funktioniert, wie es sein sollte. In dieser Säule werden wir die Chakren als einen Balanceakt betrachten. Zunächst werden wir uns damit befassen, wie Sie das relative Gleichgewicht Ihrer Chakren beurteilen können, und untersuchen, wie Sie feststellen können, ob Ihre Chakren blockiert oder unausgeglichen sind. Im nächsten Kapitel werden wir Sie dazu anleiten, wie Sie Ihre Chakren tatsächlich ausgleichen können. Am Ende dieser Säule sollten Sie die verschiedenen Qualitäten des Chakrenausgleichs klar verstehen und wissen, wie man ihn richtig durchführt.

Kapitel 12:
Was ist Chakrenausgleich?

Gut, jetzt wissen Sie, dass Chakrenausgleich etwas anderes ist als Chakrenaktivierung, aber was genau bezeichnet er? Nun, der Grundgedanke des Chakrenausgleichs ist, dass die Chakren sowohl überaktiv als auch unteraktiv sein können. Es mag zwar positiv erscheinen, wenn die Chakren überaktiv sind, was bedeutet, dass sie härter arbeiten, aber das ist nicht unbedingt etwas Gutes. Tatsächlich ist ein überaktives Chakra oft ein Zeichen dafür, dass Ihre Chakren insgesamt unausgeglichen sind. Manchmal, wenn ein Chakra unteraktiv ist, bedeutet das, dass andere Chakren stärker beansprucht werden. Sie können sich die Chakren als Klassenkameraden vorstellen, die gemeinsam an einem Gruppenprojekt arbeiten. Wenn sich alle gleichermaßen anstrengen, sollte niemand mehr als seinen Anteil leisten müssen, da die Arbeit gleichmäßig aufgeteilt ist. Wenn es jedoch einige gibt, die zu wenig leisten, Gruppentreffen schwänzen oder ihren Teil der Aufgabe nicht erledigen, dann müssen die anderen oft viel mehr leisten, weil sie die Versäumnisse ihrer Klassenkameraden kompensieren müssen. Man kann diese Art von Dynamik auch bei den Menschen generell beobachten, wenn auch auf subtilere Weise. Wenn eine Person das Gefühl hat, dass sie in einer Sache zu wenig leistet, versucht sie manchmal, dies in anderen Bereichen zu kompensieren. Kinder, die sich in der Schule schwertun, strengen sich vielleicht im Sport besonders an, und Kinder, die nicht dazugehören, kultivieren vielleicht eine künstlerische Persönlichkeit außerhalb der Schule, um ihr Selbstwertgefühl zu steigern. Auf ähnliche Weise können wir bei den Chakren sehen, wie ein blockiertes oder leistungsschwaches Chakra dazu führen kann, dass andere Chakren zum Ausgleich überaktiv werden. Sie können diese unterdurchschnittlichen oder blockierten Chakren stärken, indem Sie sie aktivieren, aber oft müssen Sie auch lernen, sich nicht so sehr auf Ihre anderen Chakren zu verlassen, damit diese nicht zu viel leisten müssen, und sicherstellen, dass alle Chakren gleichmäßig und im Einklang miteinander funktionieren.

Was ist der Unterschied zwischen Ausgleichen und Aktivieren?

In der vorigen Säule haben wir nur über Chakren gesprochen, die entweder blockiert oder gelöst sind. Wenn eines Ihrer Chakren blockiert war, bedeutete das, dass es überhaupt nicht funktioniert hat und etwas es daran hinderte. Nun, das ist nur zur Hälfte wahr. Tatsächlich funktionieren die meisten Ihrer Chakren auf irgendeiner Ebene, da jedes Chakra eine Beziehung – gut oder schlecht – zu dem Lebensbereich hat, dem es zugeordnet ist, und zu dem Körperteil, in dem es sich befindet. Es ist einfach eine Frage des Ausmaßes, einige Chakren sind vielleicht aktiver als andere. Wie wir bereits besprochen haben, ist dies der Grund, warum die Chakrenaktivierung allein nicht unbedingt perfekt funktioniert und warum man die Chakren auch ausgleichen muss, um sicherzustellen, dass alle Chakren mit der gleichen Frequenz arbeiten. Wenn Sie die Chakren nicht ausgleichen, kann eine Aktivierung dazu führen, dass Sie sich ungleichmäßig auf das eine oder andere Chakra verlassen. Das Ausgleichen stellt sicher, dass alle Chakren gerade ausreichend arbeiten – nicht zu viel und nicht zu wenig –, sodass jedes Chakra einen gleichwertigen Anteil an Ihrer allgemeinen Gesundheit hat. Schließlich ist jedes Chakra auf seine eigene Weise wichtig und funktioniert als Teil eines notwendigen Ganzen.

Wie Sie feststellen können, ob Ihre Chakren unausgeglichen sind

In Kapitel 5, als wir die einzelnen Chakren besprochen haben, haben wir uns ein wenig damit auseinandergesetzt, woran Sie erkennen können, ob Ihre Chakren blockiert sind. Hier werden wir ein wenig tiefer gehen und untersuchen, wie Ihre Chakren aussehen könnten, wenn sie über- oder unteraktiv sind. Zu verstehen, warum diese beiden Dinge negativ sind, ist für die Praxis des Chakrenausgleichs von wesentlicher Bedeutung. In diesem Abschnitt werden wir uns zunächst die allgemeinen Anzeichen für ein Ungleichgewicht ansehen, dann auf die einzelnen Chakren eingehen und einige der Anzeichen für ein über- oder unteraktives Chakra skizzieren.

Die Chakren allgemein

Wenn Ihre Chakren generell unausgeglichen sind, werden Sie das wahrscheinlich in Ihrem Körper und Ihrem Geist spüren. Ihr Gesundheitszustand kann sehr unbeständig sein: In einem Monat sind Sie gesund, im nächsten krank. Sie könnten auch ungleichmäßige Schmerzen im ganzen Körper haben. Psychisch gesehen haben Sie vielleicht das Gefühl, ein sehr verzerrtes Selbstwertgefühl zu haben, vielleicht sind Sie in manchen Bereichen äußerst selbstbewusst, in anderen aber schüchtern. Vielleicht haben Sie auch Probleme mit Beziehungen, weil Sie sich unter bestimmten Umständen anderen Menschen gegenüber öffnen können, unter anderen Umständen aber nicht, oder weil Sie Schwierigkeiten haben, auf allen Ebenen mit einem Partner in Kontakt zu treten. Das kann zu Frustrationen bei Ihnen und anderen führen. Zu guter Letzt fühlen Sie sich wahrscheinlich auch spirituell abgekoppelt und sind nicht in der Lage, über das Alltägliche hinauszuwachsen und über die großen spirituellen Fragen mit Klarheit nachzudenken. Diese Symptome bedeuten oft, dass Sie überaktive und unteraktive Chakren haben, was dazu führt, dass Ihr Körper sich in einem starken Ungleichgewicht befindet.

Wurzelchakra

Wenn Ihr Wurzelchakra unausgeglichen ist, fühlen Sie sich in gewisser Weise entwurzelt; die Art und Weise, wie Sie dies empfinden und wie es sich manifestiert, wird jedoch unterschiedlich aussehen, je nachdem, ob Ihr Wurzelchakra über- oder unteraktiv ist.

Überaktiv

Bei einem überaktiven Wurzelchakra befinden Sie sich im Überlebensmodus. Sie werden das Gefühl haben, Ihre Gefühle von Entwurzelung und Unsicherheit überkompensieren zu müssen. Dies kann zu einem unsicheren Bindungsstil oder sehr bewussten Gefühlen von Verlorenheit führen.

Unteraktiv

Wenn Ihr Wurzelchakra hingegen unteraktiv ist, wird sich dies wahrscheinlich etwas anders manifestieren und eine eher träumerische Existenz schaffen, in der Sie sich ihres Mangels an Wurzeln nicht wirklich bewusst sind. Sie könnten dazu neigen, in einer Fantasiewelt zu leben und nicht wirklich mit Ihrer Umgebung verbunden zu sein. Es ist vielleicht nicht so unangenehm wie ein überaktives Wurzelchakra, aber diese Fantasiewelt fühlt sich wahrscheinlich leer an und als hätte sie nicht viel Substanz.

Sakralchakra

Symptome von Unausgewogenheit in Ihrem Sakralchakra werden sich immer auf Ihr Verhältnis zu Arbeit und Vergnügen auswirken. Auf welche Seite des Spektrums sie fallen, wird jedoch stark davon beeinflusst, ob Ihr Sakralchakra über- oder unteraktiv ist.

Überaktiv

Wenn Ihr Sakralchakra überaktiv ist, dann wird Ihre Vergnügungslust unersättlich sein. Das mag zwar nach Spaß klingen, kann sich aber als Suchtverhalten manifestieren. Sucht nach ungesundem Essen, Alkohol, Sex oder sogar gefährlichen Drogen kann die Folge eines überaktiven Sakralchakras sein, das ganz auf Vergnügen ausgerichtet ist.

Unteraktiv

Wenn Ihr Sakralchakra jedoch unteraktiv ist, werden Sie sich höchstwahrscheinlich auf der anderen Seite des Spektrums befinden und sich selbst der harmlosesten Freuden des Lebens berauben. Das kann dazu führen, dass Sie asozial, prüde, depressiv und sogar impotent werden. Durch übermäßige Einschränkung verkümmert bei Menschen mit unteraktivem Sakralchakra am Ende die Fähigkeit, Freude im Leben zu empfinden.

Solarplexus-Chakra

Da das Solarplexus-Chakra mit dem Selbstwertgefühl zusammenhängt, manifestiert sich das relative Gleichgewicht dieses Chakras fast immer in Form des eigenen Selbstbewusstseins und des Gefühls der Macht über andere. Wie beim Sakralchakra wird der Unterschied zwischen einem überaktiven und einem unteraktiven Solarplexus-Chakra Sie an das eine oder andere Ende der Extreme bringen.

Überaktiv

Wenn Ihr Solarplexus-Chakra überaktiv ist, dann haben Sie wahrscheinlich ein stark übersteigertes Selbstwertgefühl. Sie fühlen sich anderen Menschen gegenüber möglicherweise überlegen und neigen zu manipulativem oder kontrollierendem Verhalten. Menschen mit einem überaktiven Solarplexus-Chakra können von anderen als narzisstisch wahrgenommen werden, und es kann ihnen dadurch sogar an Empathie mangeln und ihnen Schwierigkeiten bereiten, Mitgefühl für andere zu empfinden.

Unteraktiv

Wenn dieses Chakra jedoch unteraktiv ist, besteht die ernste Gefahr, dass man ein extrem geringes Selbstvertrauen und letztlich nicht mehr das Gefühl hat, etwas wert zu sein. Diese Menschen sind das komplette Gegenteil der Menschen mit überaktivem Chakra, die zum Narzissmus neigen, denn sie werden zu Fußabtretern oder versagen darin, für sich selbst einzustehen.

Herzchakra

Die relative Aktivität Ihres Herzchakras manifestiert sich in Beziehungen. Genauer gesagt geht es um Ihre Priorisierung von Bedürfnissen und die Art und Weise, wie Sie mit Grenzen umgehen. Auf welche Seite des Spektrums Sie fallen, wird die relative Über- oder Unteraktivität Ihres Herzchakras anzeigen.

Überaktiv

Menschen mit überaktivem Herzchakra sind in Beziehungen sehr übereifrig und geben sich ganz ihrem Partner hin. Das mag zwar gut klingen, kann aber zwei deutlich negative Folgen haben, und zwar sowohl für die Person selbst als auch für den geliebten Menschen. Für den Betroffenen führt dies oft zu einem Selbstverlust in der Beziehung, sodass er den Eindruck hat, völlig in der Beziehung aufzugehen und kein Gefühl von Autonomie mehr zu haben. Für den geliebten Menschen kann dies zu zusätzlichem Druck und zur Überschreitung von Grenzen führen. Eine Person mit einem überaktiven Herzchakra könnte sich verletzt fühlen, wenn geliebte Menschen Grenzen setzen oder sich Zeit für sich selbst nehmen, da sie das Konzept des persönlichen Raums nicht versteht.

Unteraktiv

Wenn das Herzchakra eines Menschen unteraktiv ist, ist er sehr verschlossen gegenüber der Liebe. Er ist vielleicht nicht äußerlich kalt oder grausam zu anderen, aber es fällt ihm schwer, sich gegenüber anderen zu öffnen, was bedeutet, dass seine Beziehungen nur schwerlich über das Anfangsstadium hinauskommen. Er könnte Angst vor der Verletzlichkeit haben, die mit der Liebe zu jemandem einhergeht, oder auch nur davor, jemandem nachzulaufen, und Beziehungen daher um jeden Preis vermeiden.

Hals-Chakra

Im Hals-Chakra dreht sich alles um die Stimme. Nicht nur um Ihre physische Stimme, sondern auch um Ihre metaphorische Stimme – wie wohl Sie sich fühlen, wenn Sie sich ausdrücken und Ihre Argumente vor anderen vortragen. Der Grad des Vertrauens in Ihre Stimme wird letztlich durch die relative Aktivität Ihres Hals-Chakras bestimmt.

Überaktiv

Menschen mit einem überaktiven Hals-Chakra wirken ähnlich wie Menschen mit einem überaktiven Solarplexus-Chakra. Das heißt, sie scheinen übermütig und uninteressiert an anderen zu sein. Bei Menschen mit einem überaktiven Hals-Chakra zeigt sich dies jedoch in der Art und Weise, wie sie sprechen. Diese Menschen könnten dazu neigen, andere zu überreden oder häufig zu unterbrechen, während sie gleichzeitig Schwierigkeiten haben, effektiv zuzuhören. Sie wollen vielleicht intelligenter erscheinen, als sie es in Wirklichkeit sind, was sie dazu veranlasst, mit Autorität über Dinge zu sprechen, über die sie eigentlich nicht viel wissen, oder sogar offen zu lügen, um selbst besser dazustehen.

Unteraktiv

Menschen mit einem unteraktiven Hals-Chakra hingegen werden Schwierigkeiten haben, sich auszudrücken, und es fehlt ihnen an Vertrauen in das, was sie sagen. Sie haben möglicherweise ein starkes Selbstwertgefühl, das vielleicht von einem ausgeglichenen Solarplexus-Chakra herrührt, aber es wird ein sehr innerliches Selbstvertrauen sein und sich anderen gegenüber nicht leicht ausdrücken lassen.

Stirnchakra

Die relative Aktivität in Ihrem Stirnchakra manifestiert sich durch Ihre Wahrnehmung der Welt um Sie herum. Damit ähnelt es in gewisser Weise dem Wurzelchakra, was seine Wirkung auf die Wahrnehmung der Realität angeht.

Überaktiv

Ein überaktives Stirnchakra zu haben, mag oberflächlich betrachtet keine schlechte Sache sein. Schließlich ist es gut, vorauszuschauen, nicht wahr? Aber es führt oft zu einer ähnlichen Art von Realitätswahrnehmung wie beim unteraktiven Wurzelchakra. Wer ein überaktives Stirnchakra hat, neigt womöglich dazu, sich von der Realität oder dem Leben abzukoppeln, nur das große Ganze zu sehen und zu vergessen, die kleinen Dinge bzw. die irdischen Freuden zu schätzen, die das Leben lebenswert machen.

Unteraktiv

Wenn Sie ein unteraktives Stirnchakra haben, wird das Gegenteil eintreten. Interessanterweise haben die meisten Menschen tatsächlich ein unteraktives Stirnchakra. Das bedeutet, dass sie den großen Plan ihres Lebens noch nicht erkannt haben. Es ist sehr schwer, schon früh im Leben ein ausgeglichenes Stirnchakra zu haben, da der Plan Ihres Lebens erst später Gestalt annimmt, wenn Sie allmählich mehr spirituelle Weisheit erlangen.

Kronenchakra

Wie wir wissen, ist das Kronenchakra mit den höchsten Realitäten und Ihrer Beziehung zu Ihrem spirituellen Leben verbunden. Es kann nicht wirklich über- oder unteraktiv sein, es ist lediglich die Summe der anderen Chakren. Ein unausgewogenes Kronenchakra wird also durch ein Ungleichgewicht in den anderen Chakren verursacht. Wenn Sie alle Ihre Chakren gleichermaßen ins Gleichgewicht bringen, dann machen Sie den Weg frei für ein wirklich ausgeglichenes Kronenchakra.

Kapitel 13

Wie Sie Ihre Chakren wieder ins Gleichgewicht bringen

Was können Sie also tun, wenn Ihre Chakren aus dem Gleichgewicht geraten sind? Nun, es gibt bestimmte Techniken, die Sie anwenden können, um sie auszugleichen. Sie wissen bereits, wie Sie Ihre Chakren mit den Techniken, die wir in Kapitel 11 besprochen haben, lösen können, aber das Ausgleichen kann sich schwieriger gestalten. Überaktive Chakren können besonders schwierig auszugleichen sein, da die meisten von ihnen große blinde Flecken aufweisen, die schwer anzuerkennen sind. In diesem Kapitel führen wir Sie durch einige wesentliche Techniken, um Gleichgewicht und Harmonie zwischen Ihren Chakren herzustellen.

Sind Ihre Chakren überaktiv oder unteraktiv?

Der erste Schritt zum Ausgleich Ihrer Chakren besteht darin, festzustellen, ob sie unter- oder überaktiv sind. Das mag anfangs schwer zu erkennen sein, vor allem, wenn Sie körperliche Symptome haben. Auch bei psychischen Problemen kann es schwierig sein, festzustellen, was genau Ihre Probleme in Bezug auf ein bestimmtes Chakra sind. Verwenden Sie die diagnostischen Merkmale im letzten Kapitel, um wirklich festzustellen, wo auf der Skala von unteraktiv bis überaktiv Sie sich befinden. Das kann eine Menge Selbstreflexion erfordern, vor allem bei Menschen mit überaktivem Hals- oder Solarplexus-Chakra, die zu Selbstüberschätzung neigen. Wenn Sie Ihre Position auf dieser Skala bestimmen, müssen Sie bereit dazu sein, Ihre eigenen negativen Seiten zu sehen und sich möglicherweise einigen sehr hässlichen Wahrheiten zu stellen. Wenn Sie dazu bereit sind, dann können Sie sich erfolgreich auf der Skala zwischen unteraktiv und überaktiv einordnen.

Chakra für Chakra

Der Prozess des Ausgleichs der Chakren unterscheidet sich ein wenig vom Prozess der Chakrenaktivierung. Bei der Aktivierung geht es darum, sich mit jedem Chakra zu verbinden. Unausgewogene Chakren sind jedoch in der Regel das Ergebnis eines unerfüllten Bedürfnisses irgendwo in Ihrem Leben. Das unausgewogene Chakra reagiert auf einen Mangel entweder, indem es sich abschottet, oder indem es überkompensiert. In diesem Sinne sind ein unteraktives und ein überaktives Chakra zwei Seiten derselben Medaille; es kann lediglich länger dauern, bis Menschen mit einem überaktiven Chakra akzeptieren, dass sie ein Problem haben. Die Antwort auf die Frage, wie Sie Ihre Chakren richtig ausgleichen können, besteht also darin, das unbefriedigte Bedürfnis zu stillen, auf das die Chakren reagieren. Im Folgenden gehen wir Chakra für Chakra durch und erklären das Grundbedürfnis, das gestillt werden muss, damit das jeweilige Chakra richtig ausgeglichen ist.

Wurzelchakra

Ein Ungleichgewicht in Ihrem Wurzelchakra ist fast immer eine Reaktion auf ein Gefühl von Entwurzelung in Ihrem realen Leben. Vielleicht sind Sie in letzter Zeit oft umgezogen oder haben keinen festen Wohnsitz. Vielleicht haben Sie gerade eine langjährige Beziehung beendet und kämpfen damit, Ihre Identität unabhängig von dieser Person neu zu definieren. Oder vielleicht sind Sie gerade in den Ruhestand getreten und wissen nicht, wie Ihr neues Leben aussehen soll. Anhaltende Unsicherheit und große Veränderungen im Leben äußern sich oft durch ein Ungleichgewicht im Wurzelchakra. Um ein Gleichgewicht herzustellen, sollten Sie versuchen, sich an etwas Konkretem festzuhalten. Suchen Sie sich etwas, das Ihnen wichtig ist und das sich nicht verändert, und versuchen Sie, sich während Ihrer Meditationspraxis darauf zu konzentrieren. Das wird Ihnen helfen, einen Kontext zu schaffen, in dem Sie sich sicher fühlen, ohne Ihre Lebensumstände dauerhaft verändern zu müssen.

Sakralchakra

Ein über- oder unteraktives Sakralchakra ist gewöhnlich eine Reaktion auf einen Mangel an konstruktivem oder erfüllendem Vergnügen. Sowohl Menschen, die auf Vergnügen verzichten, als auch solche, die es überdosieren, haben kein gesundes Verhältnis dazu. Diejenigen, die zur Sucht neigen, haben Mühe, ein Vergnügen zu finden, das sie dauerhaft befriedigt. Sie sind immer auf der Suche nach dem nächsten „Kick", weil ihnen ein wirklich erfüllendes Vergnügen fehlt. In ähnlicher Weise fällt es denjenigen, die auf Vergnügen verzichten, wahrscheinlich schwer, eine Verbindung zu vergnüglichen Aktivitäten herzustellen, und sie werden dabei von Schamgefühlen überwältigt. In beiden Fällen müssen Sie eine Tätigkeit finden, die Ihnen auf Dauer Freude bereitet. Hochwertiges „Junkfood", wie Gebäck aus einer französischen Bäckerei, die selbst bäckt, könnte Ihnen helfen, Ihren Zuckerbedarf zu decken, während Sie gleichzeitig etwas über eine andere Kultur lernen und Ihren Geschmackssinn erweitern. Wenn Sie ein Fernsehjunkie sind, sehen Sie sich eine Sendung oder einen interessanten Film an, den Sie noch nie gesehen haben. Es ist die gleiche Handlung wie sonst, aber Sie erweitern gleichzeitig Ihren Horizont. Sowohl bei einem über- als auch bei einem unteraktiven Sakralchakra müssen Sie lernen, „höhere" Vergnügungen zu schätzen – also Vergnügungen, die Ihren Geist und Sie selbst erweitern und zu einem dauerhaften Gefühl der Erfüllung führen.

Solarplexus-Chakra

Da sich über- und unteraktive Solarplexus-Chakren oft in Form von Unsicherheit äußern, müssen Sie Wege finden, Ihr Selbstvertrauen zu stärken. Auch wenn es nicht so aussieht, können Menschen mit einem überaktiven Solarplexus-Chakra oft genauso unsicher sein wie Menschen mit einem unteraktiven Solarplexus-Chakra. Ihre übermäßige Prahlerei ist oft eine Art Überkompensation, bei der sie das Bedürfnis haben, ihre Größe ständig der Welt zu zeigen. Wenn Sie in eine dieser beiden Kategorien fallen, müssen Sie sich Ihren Unsicherheiten stellen. Versuchen Sie, sich gegenüber einem Freund verletzlich zu zeigen, ohne dabei anzugeben noch sich zurückzuhalten – zeigen Sie sich einfach in einem ehrlichen Licht. Oder Sie können versuchen, sich Ihren Ängsten zu stellen: Sprechen Sie in der Öffentlichkeit, lernen Sie jemand Neues kennen, fliegen Sie mit einem Flugzeug. All diese Dinge werden Ihnen helfen, ein starkes Selbstvertrauen aufzubauen, das nicht auf Prahlerei beruht.

Herzchakra

Menschen mit einem über- oder unteraktiven Herzchakra haben oft einen sogenannten „unsicheren Bindungsstil". Ein unsicherer Bindungsstil bezeichnet eine Art, sich mit anderen Menschen zu verbinden, bei der man sich in der Beziehung zu ihnen nie wirklich sicher fühlt. Es kann sein, dass Sie ständig befürchten, dass Ihre Lieben Sie verlassen werden, auch wenn es keinerlei Hinweise darauf gibt, dass sie das tun werden. Interessanterweise gehören zu den Hauptsymptomen eines unsicheren Bindungsstils sowohl die Anzeichen eines überaktiven Herzchakras (übermäßige Anhaftung, fehlende Grenzen) als auch die eines unteraktiven Herzchakras (sozialer Rückzug, Angst vor Intimität). Wir sehen also ganz klar, dass es einen Zusammenhang gibt und dass ein über- und ein unteraktives Herzchakra zwei Seiten derselben Medaille sind. Um diese beiden Reaktionen zu bekämpfen, müssen Sie ein stärkeres Vertrauen in die Menschen um Sie herum aufbauen. Erinnern Sie sich daran, dass sie für Sie da sind und dass sie Sie lieben, auch wenn Sie Fehler machen. Vielleicht wenden Sie sich sogar an einen dieser Menschen und erzählen ihm von Ihrer Unsicherheit. Selbst wenn Sie jemand sind, der oft um Bestätigung bittet, und Ihr geliebter Mensch es satthat, Ihnen diese zu geben, werden eine ehrlichere Herangehensweise und die Auseinandersetzung mit Ihrem eigenen Verhalten dazu beitragen, dass er Sie auf aussagekräftige Weise an seine Verpflichtung Ihnen gegenüber erinnern kann. Sie sollten sich auch selbst an Ihre Verpflichtung gegenüber anderen erinnern. Ein unausgeglichenes Herzchakra, insbesondere ein unteraktives, kann oft zu Bindungsangst führen, da Sie nicht verletzt werden wollen. Deshalb ist es genauso wichtig, dass Sie Ihre eigene Bindung an andere stärken, wie dass Sie sich ihrer Bindung an Sie versichern.

Hals-Chakra

Sowohl ein überaktives als auch ein unteraktives Hals-Chakra sind eine direkte Reaktion auf einen Missbrauch der Stimme. Ein Mangel an echtem Vertrauen in die eigene Stimme oder ein Desinteresse an den Stimmen anderer ist in der Regel die Ursache für ein überaktives oder unteraktives Hals-Chakra. Die Lösung besteht also darin, an Ihren

Kommunikationsfähigkeiten zu arbeiten, und zwar sowohl am Input als auch am Output. Versuchen Sie, die Ursache für Ihre Schwierigkeiten beim Sprechen herauszufinden. Neigen Sie dazu, über andere hinweg zu sprechen, weil Sie Angst haben, nicht gehört zu werden? Zögern Sie, das Wort zu ergreifen, weil Sie befürchten, nichts Interessantes zu sagen zu haben? Eine gute Übung ist es, ein paar Gedanken aufzuschreiben. So können Sie Ihre „Stimme" auch unabhängig von der Anwesenheit anderer Menschen einsetzen. Schreiben Sie über etwas, das Sie interessiert, und beobachten Sie, ob Sie sich beim Schreiben anders fühlen als beim Sprechen. Bezüglich des Inputs müssen Sie einige Übungen machen, um Ihre Zuhörfähigkeiten zu verbessern, sowohl als Vorbild dafür, wie Sie selbst sprechen sollten, als auch, um anderen Menschen besser zuhören zu können. Schalten Sie in ein paar Podcasts ein und versuchen Sie, ein wirklich aktiver Zuhörer zu sein. Achten Sie darauf, was die Leute sagen, und nehmen Sie ihre Informationen wirklich auf. Schreiben Sie dann einen Reflexionsbeitrag darüber, was Ihnen an den Worten und der Art und Weise, wie sie gesagt wurden, gefallen hat. Die Stärkung der beidseitigen Kommunikation wird Ihnen helfen, Ihr Hals-Chakra wieder ins Gleichgewicht zu bringen.

Stirnchakra

Die Hauptursache für ein unausgewogenes Stirnchakra, ob es sich nun als über- oder unteraktiv manifestiert, ist ein Mangel an Verbindung zwischen Ihrem spirituellen Leben und Ihrem Alltag. Wer ein überaktives Stirnchakra hat, neigt dazu, die kleinen Dinge des Alltags zu übersehen, und wer ein unteraktives Stirnchakra hat, neigt dazu, die spirituelle Welt zu verpassen. Beides ist negativ zu betrachten, da Ihnen dadurch die Verbindung fehlt, die es Ihnen ermöglicht, ein spirituelles Leben zu führen. Der beste Weg, um das Stirnchakra auszugleichen, besteht darin, Achtsamkeit zu praktizieren. Achtsamkeit ist das perfekte Heilmittel für ein unausgeglichenes Stirnchakra, denn sie versucht genau das zu verstärken, was Sie brauchen: die Verbindung zwischen der spirituellen und der alltäglichen Welt. Die einzigartige Ruhe in der Natur oder die Schönheit eines Blattes oder eines Schmetterlings wahrzunehmen, kann Wunder bewirken, wenn es darum geht, das Alltägliche spirituell und das Spirituelle alltäglich zu machen. Wenn Sie eine starke Achtsamkeitspraxis kultivieren, werden Sie in der Lage sein, Ihr Stirnchakra effektiv auszugleichen und eine stärkere Verbindung zwischen Ihrem spirituellen und physischen Selbst herzustellen.

Säule 6:
Heilung

Die dritte wichtige Art, auf die Menschen mit ihren Chakren interagieren, ist die Heilung. Die Heilung der Chakren ist eine uralte Praxis und wird notwendig, wenn Menschen das Gefühl haben, dass ihre Chakren blockiert oder stark unausgeglichen sind. Man kann sogar ein Chakrentrauma erleben, das zu schrecklichen Auswirkungen auf den Rest des Körpers führen kann. In dieser Säule werden wir einige der gezielten Heilpraktiken erforschen, die Menschen anwenden, um ihre Chakren zu unterstützen. Zunächst werden wir fünf verschiedene spezifische Heiltraditionen erörtern: Ayurveda, Yoga, Meditation, Psychotherapie und Reiki. Anhand dieser fünf Techniken werden Sie einige alternative Möglichkeiten dazu kennenlernen, wie Sie mit Ihren Chakren interagieren können. Dann werden wir über verschiedene Bereiche Ihres Lebens sprechen, in denen die Chakrenheilung eine starke Wirkung haben kann. Am Ende dieses Abschnitts sollten Sie darüber Bescheid wissen, wie Sie Ihre Chakren heilen können und wofür diese Heilung genutzt werden kann.

Kapitel 14:
Praktiken

Es gibt viele verschiedene Möglichkeiten, mit Ihren Chakren zu interagieren. Wir haben bereits in den letzten beiden Säulen über einige von ihnen gesprochen, als wir Ihnen Techniken zur Aktivierung und zum Ausgleich vorgestellt haben. Hier hingegen werden wir über einige der Methoden sprechen, die häufig speziell in der Heilung verwendet werden. Diese Praktiken reichen zeitlich gesehen von der Antike bis zur Moderne und decken bezüglich der Chakren ein breites Spektrum an unterschiedlichen Bedürfnissen ab. Die Wahl einer Methode hängt von einer Reihe von Faktoren ab, einschließlich des Chakras, das Sie heilen möchten, der Tiefe Ihres Traumas und der Art und Weise, wie Sie bei der Heilung vorgehen wollen, sowie von Ihrer Anwendung anderer spiritueller Praktiken. In diesem Kapitel werden wir fünf dieser Methoden erforschen, damit Sie sich Ihre eigene Version der Chakrenheilung zusammenstellen können, die von allen das Beste beinhaltet. Am Ende dieses Kapitels sollten Sie ein solides Verständnis dieser Techniken haben und eine gute Vorstellung davon, welche für Sie am nützlichsten sein könnten.

Ayurveda

Ein Medizinsystem, das an die Chakren angrenzt und oft mit ihnen in Verbindung gebracht wird, ist Ayurveda. Es hat seinen Ursprung im antiken Südasien, genau wie die Chakren. Sie werden wahrscheinlich das Wort „Veda" als Teil von „Ayurveda" bemerken, was kein Zufall ist, da diese Praktik aus denselben Texten stammt wie die Chakren. Allerdings konzentriert sich diese medizinische Praxis auf ganzheitliche Heilung, die unter anderem Aspekte wie Ernährung, Bewegung, Psychologie und Spiritualität einbezieht. Dieser medizinische Ansatz wird im Westen häufig als Reaktion auf die relativ einseitigen Ansätze der westlichen Medizin angewandt. Mithilfe der ayurvedischen Medizin können Sie den ganzen Körper behandeln und entdecken. Ähnlich wie bei den Chakren erkennt Ayurveda an, dass der Körper ein System ist und nicht nur eine Reihe von nicht miteinander verbundenen Organen. Wenn Sie sich auf die ayurvedische Medizin einlassen, werden Sie nicht in der Lage sein, einen Bereich des Körpers zu heilen, ohne alle anderen zu berücksichtigen, was zu einem ganzheitlicheren Bewusstsein des Körpers beiträgt.

Die vier Säulen des Ayurveda

Es gibt genauer gesagt vier Hauptsäulen der Ayurveda-Heilung, die Sie zur Unterstützung Ihres Körpers nutzen können. In diesem Abschnitt werden wir Ihnen einen Überblick über diese vier Säulen geben:

1. Tridosha

Die Tridosha sind die drei grundlegenden Bioenergien, die durch Ihren Körper zirkulieren. Diese Energien regulieren alle Funktionen Ihres Körpers und helfen Ihnen, lebendig und gesund zu bleiben.

2. Triguna

Die Triguna bezeichnen die drei grundlegenden Eigenschaften des Universums. Sie bestehen aus dem Reinen, dem Dynamischen und dem Trägen. Sie zirkulieren sowohl durch unseren Körper als auch durch den Raum und stellen so Verbindungen in der ganzen Welt her.

3. Die fünf Mahabhutas

Die fünf Mahabhutas haben wir eigentlich schon besprochen. Es sind die fünf Grundelemente auf der Welt: Erde, Wasser, Luft, Feuer und Äther.

4. Chorashi Ousodhi

Die Chorashi Ousodhi schließlich sind die 84 Kräuter, die für die Ayurveda-Heilung von zentraler Bedeutung sind. Diese Kräuter sind unglaublich wichtig und werden für unsere Diskussion über Ayurveda und die Chakren entscheidend sein.

Ayurveda und Chakren

Wie verwendet man also diese Medizin zusammen mit den Chakren? Nun, wir haben bereits einige der anderen Aspekte der ayurvedischen Heilung in Verbindung mit den Chakren erörtert, daher werden wir uns in diesem Abschnitt auf die Kräuter konzentrieren, die mit jedem Chakra verbunden sind. Dies ist eine faszinierende Art und Weise, wie wir die Verbindung zwischen dem, was wir unserem Körper zuführen und dem, wie wir uns fühlen, erkennen können. Diese Kräuter oder Lebensmittel können auf bestimmte Chakren abzielen und durch die Zufuhr der notwendigen Nährstoffe zu deren Heilung beitragen. In diesem Abschnitt werden wir die sieben Chakren zusammen mit den ayurvedischen Empfehlungen für Lebensmittel oder Kräuter auflisten, die Sie in Ihre Ernährung aufnehmen sollten.

Wurzelchakra

Für Ihr Wurzelchakra empfehlen die ayurvedischen Texte, wie nicht anders zu erwarten, Wurzelgemüse. Diese helfen Ihnen, sich buchstäblich mit Ihren Wurzeln und der Erde zu verbinden. Diese Gemüsesorten enthalten oft Rückstände von Schmutz oder organischen Stoffen, die in kleinen Dosen sogar recht gesund sein können. Diese organischen Stoffe enthalten Mikroben, die Wunder für Ihren Darm bewirken können. Versuchen Sie, mehr Gemüse wie Karotten, Rüben und sogar Kartoffeln in Ihre Ernährung aufzunehmen, um Ihr Wurzelchakra zu heilen und zu verstärken.

Sakralchakra

Für das Sakralchakra sollten Sie Dinge essen, die Ihrem Verdauungstrakt guttun. Das sind in der Regel entzündungshemmende oder die Darmgesundheit fördernde Kräuter oder Lebensmittel, die Wunder für die Funktion des Sakralchakras bewirken können. Es gibt auch viele Hinweise darauf, dass die Art und Weise, wie Sie Ihren Darm behandeln, starke Auswirkungen auf Ihre psychische Gesundheit hat. So können sogar die psychischen Aspekte Ihres Sakralchakras durch Ihren Darm geheilt werden. Im Allgemeinen können fermentierte Lebensmittel wie Kombucha, Kimchi oder Sauerkraut eine gute Möglichkeit sein, Ihren Darm zu heilen und zu sanieren. Zwei weitere wichtige Kräuter werden seit Jahrhunderten in vedischen Texten im Zusammenhang mit dem Sakralchakra erwähnt: Nagarmotha und Gurmar. Beides sind leicht zu findende Pflanzen, die bei Blockaden im Sakralchakra wahre Wunder bewirken können.

Solarplexus-Chakra

Für Ihr Solarplexus-Chakra sollten Sie ebenfalls Dinge essen, die auf Ihren Verdauungstrakt abzielen, aber eher im Magen- als im Darmbereich. Daher sollten Sie sich verstärkt auf entzündungshemmende Gewürze konzentrieren. Kardamom und Bockshornklee sind zwei der besten Kräuter, um den Magen zu beruhigen und eine gesunde Verdauung zu fördern.

Herzchakra

Für Ihr Herzchakra sollten Sie sich entsprechend der Gesundheit des Herz-Kreislauf-Systems ernähren. Ballaststoffe und Eisen sind zwei sehr wichtige Nährstoffe, die Ihr Herz- und Blutsystem unterstützen. Aus ayurvedischer Sicht sind Garcinia und Sandelholzöl zwei der wichtigsten Produkte, die man einnehmen sollte, wenn man ein blockiertes Herzchakra hat.

Hals-Chakra

Für Ihren Hals sollten Sie sich auf Dinge konzentrieren, die der häufigsten Krankheit vorbeugen, die mit einem blockierten Hals-Chakra einhergeht: Nebenhöhlenentzündungen. Lebensmittel mit einem hohen Vitamin-C-Gehalt sind ideal, vor allem Beeren und Zitrusfrüchte. Gemäß Ayurveda sollten Sie auch Dinge einnehmen, die klärend wirken, denn Klarheit und Ehrlichkeit sind Eigenschaften, die mit einem ausgeglichenen Hals-Chakra in Verbindung gebracht werden. Daher gehören Salbei und Guggulu zu den besten Mitteln, die Sie einnehmen können, um Ihr Hals-Chakra auszugleichen und seine Gesundheit zu fördern.

Stirnchakra

Das Stirnchakra braucht Lebensmittel, die das Gehirn nähren, und Nahrung, die die Klarheit des Denkens und ein gesundes Gleichgewicht zwischen Körper und Geist fördert. Eines der besten Dinge, die Ayurveda hierfür empfiehlt, ist Ginkgo biloba, das Ihnen hilft, die für das Stirnchakra so wichtige klare Sicht zu erlangen.

Kronenchakra

Für Ihr Kronenchakra sollten Sie Ihre höchsten Formen des Denkens und des Selbst erwecken. Zu diesem Zweck müssen Sie die Schönheit in Ihrem Leben fördern. Aus diesem Grund wird im Ayurveda Lavendel als Kraut der Wahl empfohlen. Sie können Lavendelblüten in Form von Tee oder beim Kochen einsetzen oder sogar Lavendelräucherstäbchen oder -kerzen in Ihrem Raum anzünden, um diese enge Verbindung herzustellen.

Yoga

Eine Praxis, über die wir in diesem Buch nicht allzu oft direkt gesprochen haben, ist Yoga. Wir haben es nur am Rande erwähnt, aber es ist tatsächlich eine der wichtigsten Praktiken, die mit den Chakren zusammenhängen. Yoga ist unglaublich wichtig für Ihre Chakren-Heilungsreise, weil es dabei um die Öffnung des Körpers geht. Beim Yoga bewegen Sie Ihren Körper auf eine Weise, die Sie nie für möglich gehalten hätten, und beanspruchen Muskeln und Gelenke, von denen Sie nicht einmal wussten, dass Sie sie haben. Indem Sie Yoga praktizieren, tragen Sie dazu bei, ein besseres Bewusstsein für Ihren Körper zu entwickeln und eine Verbindung zu Ihren Chakren herzustellen. Im Folgenden werden wir Ihnen einige der besten Yogaposen zur Heilung jedes Ihrer Chakren auflisten.

Wurzelchakra

Um Ihr Wurzelchakra zu heilen, sollten Sie Haltungen einnehmen, die Sie im Boden verwurzeln. Die Berghaltung und die Kriegerhaltung sind dafür am besten geeignet, da sie das Gleichgewicht und den Energiefluss zwischen Ihrem Körper und dem Boden fördern.

Sakralchakra

Eine der Hauptursachen für Verdauungsprobleme ist der Mangel an Bewegung im Inneren des Körpers. Aus diesem Grund ist es für das Sakralchakra besonders hilfreich, den Bauchraum zu dehnen und wieder zusammenzuziehen. Vorwärtsbeugen im Stehen oder Sitzen gehören zu den besten Möglichkeiten, um Spannungen im Sakralchakra zu lösen und für eine stärkere Körpermitte zu trainieren.

Solarplexus-Chakra

Der Solarplexus ist mit dem Element der Sonne verbunden, daher der Name. Deshalb sind Sonnengruß-Sequenzen im Yoga stark mit dem Solarplexus-Chakra verbunden. Wenn Sie jeden Tag oder zumindest häufig einen ganzen Sonnengruß machen, hilft Ihnen dies, sich mit Ihrem Solarplexus-Chakra zu verbinden und Ihre Reise zu dessen Heilung anzutreten.

Herzchakra

Für Ihr Herz geht es vor allem darum, Ihren Brustkorb zu öffnen. In Kapitel 13 haben wir darüber gesprochen, wie wichtig es für das Herzchakra ist, Verwundbarkeit zuzulassen und sich der Welt zu öffnen, also müssen Sie das unbedingt in Ihre Yogapraxis einbauen. Die Kobrapose ist eine großartige Stellung, denn sie hebt den Brustkorb zum Himmel, entblößt ihn und dehnt ihn gleichzeitig. Durch das Üben solcher Posen wird Ihr Herzchakra gestärkt.

Hals-Chakra

Wie beim Herzen wollen wir auch dieses Chakra der Welt öffnen, um Unsicherheit und negative Gedanken zu vertreiben. Die Katze-Kuh-Haltung, bei der Sie abwechselnd den Rücken rund machen und das Gesäß herausstrecken, kann Ihnen helfen, den Energiefluss in Ihrem Nacken wirklich in Gang zu bringen und ein Gefühl positiver Verletzlichkeit zu erzeugen, das Ihnen helfen kann, einige Ihrer kommunikationsbedingten Ängste zu überwinden.

Stirnchakra

Beim Stirnchakra geht es darum, eine bestimmte Perspektive auf die Welt zu gewinnen. Da sich unsere Augen immer am oberen Ende unseres Körpers befinden, kann es gut sein, dies umzukehren, indem wir in die Kindsposition gehen. In dieser Pose liegt die Stirn auf dem Boden und hilft, die Verbindung zwischen dem dritten Auge und der Erde herzustellen.

Meditation

Die Meditation ist mit dem Yoga verwandt. Auch über Meditation haben wir in diesem Buch bereits mehrfach gesprochen. Bei der Meditation mit den Chakren geht es darum, einen bestimmten Aspekt des Lebens mit einem bestimmten Teil des Körpers zu verbinden. Manchmal fühlen wir uns von unserem Körper abgekoppelt, und wenn wir uns auf ihn konzentrieren, können wir Lösungen für Probleme finden, an die wir sonst nie gedacht hätten. Meditation kann Ihnen auch helfen, Ihre Sorgen ernster zu nehmen. Wenn Sie Ihr ganzes Leben lang unter chronischen Ängsten gelitten haben, aber nicht wissen, warum, ist es sehr hilfreich, wenn Sie einen konkreten Auslöser dafür finden und mehrere Techniken parat haben, mit denen Sie an diesen Ängsten in

Zukunft arbeiten können. Mit den Chakren zu meditieren, bringt also Bewusstsein für die Meditationspraxis und für den Körper als Ganzes.

Psychotherapie

Manche Menschen, vor allem diejenigen, die bereits eine Therapie gemacht haben oder derzeit in Therapie sind, finden es nützlich, die Chakrenheilung in diesen Prozess einzubeziehen. Wenn Sie Ihre Probleme durch die Linse des Chakren-Ungleichgewichts betrachten, können Sie einige Ihrer Gedanken und Gefühle besser in Worte fassen. Vielleicht sind Sie durch die Therapie in der Lage, bestimmte Momente in Ihrem Leben zu benennen, sogar traumatische Ereignisse, bei denen Sie das Gefühl hatten, dass Ihre Chakren aus irgendeinem Grund aus dem Gleichgewicht geraten sind und Sie daran gehindert haben, Ihr Leben in vollen Zügen zu leben. Diese Analyse kann dazu beitragen, dass bestimmte psychiatrische Praktiken Gestalt annehmen, insbesondere durch die Schaffung einer Geschichte. Aufgrund des medizinischen Charakters vieler psychiatrischer Ausbildungen werden jedoch nicht alle Psychiater die Chakrenheilung ernst nehmen. Wenn Sie es mit der Chakrenheilung ernst meinen, sollten Sie sich einen Psychotherapeuten suchen, der sich auf Chakrenheilung spezialisiert hat, oder der zumindest offen dafür ist, sie als einen Aspekt Ihrer therapeutischen Reise zu betrachten. Schließlich gibt es nichts Schlimmeres, als von der Person abgewiesen zu werden, die Ihnen eigentlich helfen soll!

Reiki

Zu guter Letzt können Sie Reiki anwenden, eine japanische Form der Energieheilung, die Wunder für Ihren Geist und Ihren Körper bewirken kann, insbesondere, wenn sie in Verbindung mit Ihren Chakren angewendet wird. Bei dieser Praxis setzt ein Reiki-Heiler seine Energien ein, um Ihnen dabei zu helfen, Ihre eigenen zu fördern. Reiki basiert auf einer sehr ähnlichen Ideologie wie die der Chakren, und daher können die beiden Praktiken für eine maximale Wirkung miteinander kombiniert werden. Suchen Sie sich einen Reiki-Heiler, der Sie auf Ihrem Heilungsweg unterstützt. In den meisten größeren Städten gibt es viele Heiler, also sollten Sie es ausprobieren, um sicherzustellen, dass Sie in Bezug auf die Energieheilung alle Ressourcen optimal nutzen.

Kapitel 15

Heilmittel

Fast jeder hat in seinem Leben schon einmal eine schwierige Situation erlebt. Für viele Menschen können diese Kämpfe dauerhaft sein. Vielleicht leiden Sie jahrelang an einer bestimmten Krankheit, sei es körperlich oder psychisch. Wenn Sie nicht über die nötigen Mittel verfügen, um sich selbst zu heilen, kann dies sehr beängstigend wirken. In diesem Buch haben wir bereits eine Reihe von Lösungen für viele Probleme aufgeführt, mit denen viele Menschen in ihrem Leben konfrontiert werden. In diesem Kapitel gehen wir näher auf die einzelnen Leiden ein, die mithilfe der Chakren geheilt werden können. Sie können sich diesen Abschnitt als eine Art Index vorstellen, der Ihnen hilft, den Überblick über all die Dinge zu behalten, die Sie mittels der Kraft der Chakren angehen können. Am Ende dieses Kapitels sollten Sie ein solides Verständnis für all die erstaunlichen Dinge, die Chakren für Sie tun können, besitzen!

Allergien

Saisonale Allergien können lästig sein, aber wussten Sie, dass die Chakrenheilung tatsächlich viel zur Linderung beitragen kann? Dieses Leiden wird am häufigsten mit einem unausgeglichenen oder traumatisierten Herzchakra in Verbindung gebracht. Da Allergien mit einem überaktiven Immunsystem zusammenhängen, ist oft ein überaktives Herzchakra die Ursache des Problems. Wenn Sie Ihr Herzchakra heilen, können Sie vielleicht Ihre Allergien lindern.

Wutbewältigung

Wer von uns ist nicht schon einmal in seinem Leben wütend geworden? Manchmal kann Wut gesund sein und den Sinn für Gerechtigkeit oder den eigenen Selbstwert stärken. Genauso oft kann Wut aber auch ungesund sein. Manche Menschen haben sogar mit chronischen Problemen der Wutbewältigung zu kämpfen. Glücklicherweise kann die Chakrenheilung Ihnen in dieser Situation helfen. Oft entspringt die Wut aus dem tiefen Gefühl, nicht genügend gewürdigt oder nicht geliebt zu werden. In diesem Fall könnten das Herzchakra und das Solarplexus-Chakra – die Chakren, die am meisten für Ihre Beziehungen zu anderen Menschen verantwortlich sind – blockiert sein, wenn Sie unter chronischer, unkontrollierbarer Wut leiden. Ziehen Sie die Heilung dieser Chakren in Betracht, um Ihre Wut besser in den Griff zu bekommen.

Angststörungen

Generalisierte Angststörungen sind eines der häufigsten Probleme, die Menschen erleben. Besonders in einer so chaotischen Welt wie der unseren ist es fast unmöglich, sich nicht ständig ängstlich zu fühlen. Die Chakrenheilung kann bei Angstzuständen Wunder bewirken. Da Ängste jedoch so allgemein sind, spielen hier fast alle Chakren eine

Rolle. Durch innere Arbeit, entweder allein oder mit einem Therapeuten, können Sie die spezifische Art von Angst, die Sie gerade erleben, erforschen und so das spezifische Chakra bestimmen, das Sie ins Visier nehmen sollten, um die Angst zu lindern.

Rückenschmerzen

Mit der Angst und damit mit den Chakren verbunden sind Rückenschmerzen. Da der Rücken lang ist, steht er auch mit allen Chakren in Verbindung. Das Rückenmark, das sich durch den gesamten Rücken zieht, gilt als der zentrale Punkt aller Chakren. Ähnlich wie bei den Angstzuständen ist es sinnvoll, die Stelle am Rücken zu lokalisieren, an der die Schmerzen auftreten, um das richtige Chakra für die Heilung zu finden.

Co-Abhängigkeit

Es ist normal, sich auf andere Menschen zu verlassen und selbst für andere da zu sein. Dafür sind schließlich Freundeskreise und Familienverbände da. Es gibt jedoch eine Form der Abhängigkeit, die schädlich werden kann. Dies ist der Fall, wenn jemand in einem ungesunden Maße von einer anderen Person abhängig ist und vielleicht sogar verhindert, dass diese andere Person glücklich ist, nur, um mit ihr verbunden zu bleiben. Wenn Sie mit Co-Abhängigkeit zu kämpfen haben, dann ist wahrscheinlich ein Ungleichgewicht in Ihrem Herzchakra vorhanden – vermutlich ist es überaktiv. Wenn Sie Grenzen setzen und Ihr Herzchakra ausgleichen, können Sie gesunde Beziehungen mit einem angemessenen Abstand aufbauen.

Selbstvertrauen

Selbstvertrauen ist ein Thema, über das wir in diesem Buch ziemlich ausführlich gesprochen haben. Im Allgemeinen ist das Selbstvertrauen wie die Angst – es kann mit vielen Chakren in Verbindung gebracht werden. Die unteren Chakren, insbesondere das Wurzel- und das Sakralchakra, enthalten jedoch die tiefsten Probleme mit dem Selbstvertrauen. Wenn Sie mit einem chronisch geringen Selbstwertgefühl zu kämpfen haben, wäre es am besten, mit diesen unteren Chakren zu beginnen, um die tieferen Unsicherheiten anzugehen, und sich dann allmählich im Chakrensystem nach oben vorzuarbeiten.

Kopfschmerzen

Migräne oder chronische Kopfschmerzen sind ebenfalls ein häufiges Problem für viele Menschen. Diese Schmerzen können durch eine Vielzahl von Ursachen hervorgerufen werden, die von einer schlechten Darmgesundheit über Eisenmangel bis hin zu Augenüberlastung reichen. Daher ist ein vollständiger Ausgleich aller Chakren erforderlich, um die Kopfschmerzprobleme zu lindern, die Sie möglicherweise haben. In diesem Zusammenhang sollten Sie auch Ihr Stirnchakra überprüfen, da dieses Chakra am häufigsten mit Kopfschmerzen in Verbindung gebracht wird.

Gelenke

Viele Menschen leiden auch unter Gelenkschmerzen. Wir im Westen leiden sehr an Bewegungsmangel, denn oft haben wir Berufe und Hobbys, die wir nur im Sitzen ausüben. Zu viel zu sitzen und keine richtigen Dehnungsübungen in den Alltag einzubauen, kann verheerende Folgen für die körperliche und geistige Gesundheit haben.

Die Chakrenheilung, vor allem in Verbindung mit Yoga, kann Ihnen helfen, Ihre Gelenke zu öffnen, Flexibilität aufzubauen und den Energiefluss in Ihrem Körper wiederherzustellen.

Sex

Auch wenn es in vielen Teilen der Welt ein Tabuthema bleibt, treten sexuelle Probleme nur allzu häufig auf. Ob es sich um eine Sucht oder um Unterdrückung handelt, viele Menschen kämpfen um eine gesunde Beziehung zu ihrer Sexualität. Der erste Schritt in diesem Prozess besteht darin, sich auf Ihr Sakralchakra zu konzentrieren, das unter anderem das sexuelle Zentrum Ihres Körpers ist. Wenn Sie sexuelle Probleme mit einem langjährigen Partner haben, sollten Sie sich auch mit Ihrem Herzchakra befassen, um sicherzustellen, dass Sie sich gegenseitig genügend Zuwendung geben, und mit Ihrem Hals-Chakra, um zu gewährleisten, dass Sie richtig kommunizieren. Letzten Endes sind ein gutes Selbstwertgefühl und die richtige Kommunikation das Rückgrat eines gesunden Sexuallebens.

Trauma

Es ist eine bedauerliche Tatsache, dass viele Menschen in ihrem Leben ein Trauma erleben. Vorfälle wie Todesfälle, Körperverletzung oder sogar dramatische Umzüge können dazu führen, dass eine Person ihr Leben lang traumatisiert ist. Oft halten wir dieses Trauma sowohl in unserem Körper als auch in unserem Geist fest, weshalb sich die Chakrenheilung als Traumaheiler perfekt eignet. Wenn Sie die Ursache Ihres Traumas herausfinden, können Sie bestimmen, welches Chakra Sie behandeln müssen, damit Sie mit der Heilung beginnen können.

Schlussfolgerung

Die Chakren sind ein komplexes System. Es gibt viele verschiedene von ihnen, sie stimmen mit unzähligen anderen spirituellen Praktiken überein und sind für eine Vielzahl von Funktionen im gesamten Körper verantwortlich. Wenn sie jedoch richtig verstanden werden, können sie ein großer Gewinn für Ihr Glück und Ihre Gesundheit sein. In diesem Buch haben wir uns bemüht, Sie über einige der wichtigsten Aspekte des Chakren-Heilungsprozesses aufzuklären. Wir haben Sie durch alle wesentlichen Aspekte der Chakrenheilung geführt und Ihnen gezeigt, wie die Chakren funktionieren. Wir haben die Geschichte der Chakren ausführlich dargestellt und Ihnen gezeigt, woher sie stammen und in welchem kulturellen Kontext sie sich entwickelt haben. Dann haben wir jedes Chakra gesondert besprochen und die Aspekte des Lebens sowie die Körperteile erörtert, denen die einzelnen Chakren zugeordnet werden können. Im weiteren Verlauf haben wir erläutert, wie Sie Ihre Chakren beeinflussen können, entweder durch Aktivierung, Ausgleich oder Heilung. Durch all dies haben Sie unbezahlbares Wissen über die Chakren und den Platz, den sie in Ihrem Leben einnehmen können, gewonnen. Jetzt sind Sie in der Lage, loszulegen und Ihre Chakren zu heilen!

Wenn Sie aus diesem Buch gelernt haben, würden wir uns sehr über eine Rezension von Ihnen freuen. Wir sind sehr stolz auf unsere Bücher und würden gerne hören, was unsere Leser denken. Der Aufbau einer Gemeinschaft und der Austausch von Erfahrungen ist das, worum es beim spirituellen Lernen und Heilen geht. Wir stellen sicher, dass unsere Bücher die Menschen über Dinge informieren, die ihnen in ihrem realen Leben helfen können. Nach der Lektüre dieses Buches sind Sie nun mit dem Wissen über eines der mächtigsten und ältesten Systeme der Welt ausgestattet, das Sie auf einen Weg der Erleuchtung und Gesundheit führt. Die Chakrenheilung ist nichts für schwache Nerven – sie ist für diejenigen, die wirklich tief in ihr eigenes Inneres vordringen und sich auf eine Weise heilen wollen, die sie zuvor nicht für möglich hielten. Es mag eine lange Reise sein, die vor Ihnen liegt, aber Sie sind jetzt bereit, hinauszugehen und zu starten. Also machen Sie den ersten Schritt und lassen Sie sich heilen!

Glossar

Astrologie: ein spirituelles System, das auf den Positionen der Sterne und Planeten beruht. Üblicherweise besteht es aus zwölf Sternzeichen, sieben Planeten und zwölf Häusern.

Ayurveda: eine Form der vedischen Heilkunst, die sich auf ganzheitliche Praktiken, einschließlich Ernährung und Spiritualität, konzentriert.

Blockiertes Chakra: ein Chakra, durch das die Energie nicht richtig fließt.

Buddhismus: eine Religion, die im 4. Jahrhundert v. Chr. in Nordindien entstand.

Chakra: ein Punkt am Körper, der aus einer bestimmten Art von Energie besteht. Stammt aus den vedischen Texten des alten Südasiens.

Chakrenaktivierung: hilft Ihren Chakren, sich zu öffnen und ihr volles Potenzial zu entfalten.

Chakrenausgleich: stellt sicher, dass Ihre Chakren in der richtigen Frequenz zueinander arbeiten.

Chakrenheilung: wie Sie Ihre Chakren wieder gesund machen.

Chorashi Ousodhi: die 84 Kräuter, die die Grundlage der ayurvedischen Heilung bilden.

Erdsternchakra: das erste der höheren Chakren, das sich 30 Zentimeter unter den Füßen befindet und mit dem spirituellen Wissen der Erde verbunden ist.

Endokrines System: ein medizinisches System, das einige der wichtigsten Organe und Drüsen des Körpers miteinander verbindet und das sich leicht auf das Chakrensystem übertragen lässt.

Fünf Mahabhutas: die fünf Elemente, wie sie im Ayurveda-System dargestellt werden.

Galaktisches Chakra: das vierte Chakra im höheren Chakrensystem, das sich 60 Zentimeter über dem Kopf befindet.

Göttliches Chakra: das fünfte und höchste der höheren Chakren, das sich im unendlichen Raum befindet und mit göttlichem Wissen verbunden ist.

Hals-Chakra: Das fünfte Chakra befindet sich im Hals und ist mit Kommunikation und Ehrlichkeit verbunden.

Herzchakra: Das vierte Chakra befindet sich in der Brust und wird mit Liebe und Beziehungen in Verbindung gebracht.

Hinduismus: eine uralte, aber heute noch praktizierte Religion, die sich vor Tausenden von Jahren in Südasien entwickelt hat.

Ida Nadi: das Nadi auf der linken Seite des Körpers, das mit der Weiblichkeit assoziiert wird.

Kronenchakra: das höchste Chakra des Körpers, das sich oben auf dem Kopf befindet. Wird mit den höchsten Formen des spirituellen Lernens assoziiert.

Nadi: ein paralleles Chakrensystem, das von der linken zur rechten Seite des Körpers verläuft.

Pingala Nadi: das Nadi auf der rechten Seite des Körpers, das mit Männlichkeit assoziiert wird.

Prana: das Chakrawort für Energie.

Reiki: eine Art der Heilung, bei der Energie durch die Hände übertragen wird.

Sakralchakra: Das zweite Chakra befindet sich im Unterbauch und wird mit Intimität und Kreativität in Verbindung gebracht.

Seelensternchakra: das zweite Chakra im höheren Chakrensystem, das sich 15 Zentimeter über dem Scheitel des Kopfes befindet.

Solarplexus-Chakra: das dritte Chakra, das sich im Bereich des Magens befindet und mit dem Selbstwertgefühl sowie den sozialen Kontakten verbunden ist.

Steinheilkunde: eine spirituelle Praxis, die die natürlichen Schwingungen von Edelsteinen zur Heilung des Körpers nutzt.

Stirnchakra: das sechste Chakra, das sich zwischen den Augen befindet und mit Voraussicht und Weisheit verbunden ist.

Sushumna Nadi: das mittlere Nadi, das sich in der Mitte der Wirbelsäule befindet und mit dem Gleichgewicht zwischen Ida und Pingala Nadi verbunden ist.

Tarot: ein spirituelles Kartensystem, das zum Wahrsagen oder zur Selbsterkenntnis verwendet werden kann.

Überaktives Chakra: ein Chakra, das überkompensiert hat, was es zu einer übertriebenen, oft negativen Version macht.

Universelles Chakra: das dritte Chakra im höheren Chakrensystem.

Unteraktives Chakra: ein Chakra, das im Vergleich zu den anderen auf einer niedrigeren Frequenz arbeitet.

Wurzelchakra: das erste Chakra, das sich am unteren Ende der Wirbelsäule befindet und mit Bodenständigkeit und Stabilität assoziiert wird.

Quellen

Anatomy of the endocrine system. (2019). Johns Hopkins Medicine. https://www.hopkinsmedicine.org/health/wellness-and-prevention/anatomy-of-the-endocrine-system

Ayurveda. (2. Dezember 2019). Hopkins Medicine. https://www.hopkinsmedicine.org/health/wellness-and-prevention/ayurveda#:~:text=What%20is%20Ayurveda%3F

Balanced chakras reduce anxiety. (o. D.). Anxiety. https://www.anxiety.org/balance-your-chakras-let-your-anxiety-melt-away

Burney, R. (21. Januar 2017). *Chakra levels of consciousness.* Codependency Recovery. https://codependentrecoveryexpert.wordpress.com/2017/01/21/chakra-levels-of-consciousness/

Chakra | Religion. (o. D.). Encyclopedia Britannica. https://www.britannica.com/topic/chakra

Chakra elements and their meanings. (o. D.). 7 Chakra Store. https://7chakrastore.com/blogs/news/chakra-elements

Chakra endocrine system | PDF | Thyroid | Adrenal gland. (o. D.). Scribd. https://www.scribd.com/document/200345709/Chakra-Endocrine-System

Chakra yoga explained – A full guide to the 7 chakras. (o. D.). TINT Yoga. https://tintyoga.com/magazine/chakra-yoga/

Chakras and Buddhism. (15. August 2019). The Zen Universe. https://thezenuniverse.org/chakras-and-buddhism-the-zen-universe/

Chakras, colors & Hindu gods: A closer look at the Hindu system. (o. D.). Lotus Sculpture. https://www.lotussculpture.com/blog/chakras-colors-hindu-gods/

Chakras: A beginner's guide to the 7 chakras. (4. Oktober 2016). Healthline. https://www.healthline.com/health/fitness-exercise/7-chakras#Chakra-101

Complete guide to the 7 chakras: Symbols, effects & how to balance. (13. Juni 2019). Arhanta Yoga Blog. https://www.arhantayoga.org/blog/7-chakras-introduction-energy-centers-effect/#:~:text=Symptoms%20and%20Effects-

Doniger, W. (2019). *Ganesha.* Encyclopædia Britannica. https://www.britannica.com/topic/Ganesha

Earth star chakra: What it is & why it matters. (12. April 2022). Be My Travel Muse. https://www.bemytravelmuse.com/earth-star-chakra/

Element of air in tarot cards. (o. D.). Corax. https://www.corax.com/tarot/element-of-air.html

Element of earth in tarot cards. (o. D.). Corax. https://www.corax.com/tarot/element-of-earth.html

Element of fire in tarot cards. (o. D.). Corax. https://www.corax.com/tarot/element-of-fire.html

Element of water in tarot cards. (o. D.). Corax. https://www.corax.com/tarot/element-of-water.html

Feeling out of sorts? Here's how to balance your chakras. (4. Januar 2020). Well+Good. https://www.wellandgood.com/chakra-balancing/

Fire element crystals: 9 best healing stones to balance your elements. (14. November 2021). Crystals Alchemy. https://crystalsalchemy.com/fire-element-crystals

5 common misconceptions about chakras. (1. Oktober 2018). Himalayan Institute Online. https://himalayaninstitute.org/online/5-common-misconceptions-chakras/

5 ways to heal your knee chakras. (12. September 2012). Mindbodygreen. https://www.mindbodygreen.com/articles/how-to-heal-your-knee-chakras

The genital or pubic chakra. (o. D.). Malankazlev. http://malankazlev.com/kheper/topics/chakras/Pubic.htm

Get to know the seven chakras. (o. D.). Yoloha Yoga. https://yolohayoga.com/en-ca/blogs/yoloha-life/get-to-know-the-seven-chakras#:~:text=A%20person%20with%20an%20overactive

Hindu deity Vishnu. (o. D.). Khan Academy. https://www.khanacademy.org/humanities/art-asia/beginners-guide-asian-culture/hindu-art-culture/a/hindu-deity-vishnu#:~:text=Vishnu%20is%20the%20god%20of

How attachment styles affect adult relationships. (o. D.). Helpguide. https://www.helpguide.org/articles/relationships-communication/attachment-and-adult-relationships.htm#:~:text=Attachment%20styles%20and%20how%20they%20shape%20adult%20relationships&text=Those%20with%20insecure%20attachment%20styles

How do you know if your chakras are open? (12. Mai 2020). Beadnova. https://www.beadnova.com/blog/12981/how-do-you-know-if-your-chakra-is-open-or-blocked

How to activate chakras in your body? (4. Februar 2021). Best Wellness Resort. https://www.dharanaretreat.com/blogs/how-to-activate-chakras-in-your-body/#:~:text=Sit%20on%20your%20knees%2C%20with

Hueneburg, K. (19. Oktober 2021). *The complete guide to understanding the chakras.* One Yoga. https://oneyogathailand.com/the-complete-guide-to-understanding-the-chakras/

Importance of foot chakra. (1. Mai 2015). Reiki Rays. https://reikirays.com/21123/importance-of-foot-chakra/

Jackson, D. (18. August 2020a). *Higher chakras series: Exploring the universal chakra.* AskAstrology. https://askastrology.com/universal-chakra/

Jackson, D. (29. August 2020b). *Higher chakras series: Exploring the galactic chakra.* AskAstrology. https://askastrology.com/galactic-chakra/

Jackson, D. (4. September 2020c). *Higher chakras series: Exploring the divine gateway chakra.* AskAstrology. https://askastrology.com/divine-gateway-chakra/

Learn about your seven chakras and how to keep them in balan-ce. (8. Januar 2020). Chopra. https://chopra.com/articles/learn-about-your-seven-chakras-and-how-to-keep-them-in-balance

Mughal dynasty. Geschichte, Karte und Fakten. (2018). Encyclopædia Britannica. https://www.britannica.com/topic/Mughal-dynasty

9 powerful air element crystals for inspiration. (15. November 2021). Crystals Alchemy. https://crystalsalchemy.com/air-element-crystals

9 powerful water element crystals for love and inner peace. (17. November 2021). Crystals Alchemy. https://crystalsalchemy.com/water-element-crystals

Peters, J. (3. August 2021). *Exploring the spiritual meaning of lower back pain.* Spirituality & Health. https://www.spiritualityhealth.com/exploring-the-spiritual-meaning-of-lower-back-pain

Planets and chakras. (o. D.). Sahaja Yoga Portal. https://www.sahajayogaportal.org/en/astrology/planets-chakras.html#:~:text=Chakras%20display%20the%20nature%20and

A primer of the chakra system. (20. August 2020). Chopra. https://chopra.com/articles/what-is-a-chakra#:~:text=The%20chakra%20system%20holds%20your

Raveesh, B. (2013). Ardhanareeshwara concept: Brain and psychiatry. *Indian Journal of Psychiatry, 55*(6), 263. https://doi.org/10.4103/0019-5545.105548

Ray, D. A. (20. Februar 2021). *Ayurveda and the 7 chakras: A step by step guide.* Amit Ray. https://amitray.com/ayurveda-and-the-7-chakras-a-beginners-guide/

7 chakras in human body, significance & how to balance them. (o. D.). Art of Living (India). https://www.artofliving.org/in-en/meditation/meditation-benefits/seven-chakras-explained

Seven crystals associated with the earth element. (o. D.). Exemplore. https://exemplore.com/healing/Seven-Crystals-Associated-with-the-Earth-Element

Symptoms of allergies, how to cure and get treatment of allergies. (o. D.). Rudraksha Ratna. https://www.rudraksha-ratna.com/articles/allergies

Tantrik studies. (6. Februar 2016). Tantrik Studies. https://hareesh.org/blog/2016/2/5/the-real-story-on-the-chakras

Vail, L. F. (2018). *The origins of Buddhism*. Asia Society. https://asiasociety.org/education/origins-buddhism

van der Kolk, B. (25. September 2014). *The body keeps the score: Brain, mind, and body in the healing of trauma*. Viking Press.

What are nadis? Your guide to energy channels in your body. (19. April 2021). Brett Larkin Yoga. https://www.brettlarkin.com/nadis-in-yoga/

What is ida nadi? (o. D.). Yogapedia. https://www.yogapedia.com/definition/5374/ida-nadi

What is ishvara? (o. D.). Yogapedia. https://www.yogapedia.com/definition/5296/ishvara

What is nadi? (o. D.). Yogapedia. https://www.yogapedia.com/definition/5028/nadi

What is sadashiva? (o. D.). Yogapedia. https://www.yogapedia.com/definition/7680/sadashiva

What is the origin of the chakra system? (o. D.). Indigo Massage & Wellness. https://indigomassagetherapy.com/uncategorized/what-is-the-origin-of-the-chakra-system/#:~:text=The%20chakra%20system%20originated%20in

What is the soul star chakra and how to connect to it. (o. D.). Zennedout. https://zennedout.com/what-is-the-soul-star-chakra-and-how-to-connect-to-it/

Where did Buddhism originate? (o. D.). History Hit. https://www.historyhit.com/where-did-buddhism-originate/

Why Lord Shiva is the most fascinating Hindu deity. (2009). Learn Religions. https://www.learnreligions.com/lord-shiva-basics-1770459

Willis, K. K. (18. Januar 2016). *Grief and rage: The connection between 4th and 1st chakras*. Lucid Body. https://lucidbody.com/blog/grief-and-rage-the-connection-between-4th-and